사회복지현장실습

– 이론과 실천 –

윤정혜 · 권현진

창지사

머·리·말

최근 급변하는 사회 환경 속에서 사회복지의 역할과 기능이 확장되어 교육 현장과 실천 현장의 긴밀한 협조를 바탕으로 지식과 실천 기술을 겸비한 전문가 양성의 중요성이 부각되고 있다. 이를 위해 사회복지 교육과정은 학생들이 사회복지전문가로 성장할 수 있도록 교육 현장과 실천 현장을 이어주는 기능을 담당해야 한다. 이에 학교에서 배운 지식과 이론을 사회복지현장에서 직접 적용하고 실천해봄으로써 학생 스스로가 실천 기술의 기반을 마련하고, 전문가적 능력을 개발하도록 돕는 기회를 제공하는 사회복지현장실습의 중요성은 더욱 높아지고 있다. 특히 사회복지현장실습은 학생들이 사회복지사로서의 능력을 검증하고 다양한 지식을 스스로 통합하고 재구조화할 수 있는 경험을 제공하는 교육 과정이기 때문이다.

이와 같은 중요성에 기반하여 사회복지 교육 현장과 실천 현장에서는 질 높은 사회복지현장실습을 위해 체계적이고 전문적인 교육을 실시하고자 노력하고 있다. 그러나 사회복지현장실습 교육 체계에 대한 학계와 현장의 고민은 아직도 계속되고 있다. 사회복지현장실습 시간 확대, 사회복지기관 수퍼비전과 학교 수퍼비전의 전문성 강화, 체계적이고 매뉴얼화된 사회복지현장실습 교육과정 운영에 대한 점검 등 사회복지현장실습을 둘러싼 수많은 과제를 안고 있다.

사회복지현장실습 교육의 질적 향상을 위한 하나의 노력으로, 본서에서는 체계적인 교육을 위해 필요한 이론 및 학문적 지식, 실천적 지혜를 담아 보다 실질적이고 유용한 내용으로 구성하기 위해 노력하였다. 특히 효과적인 사회복지현장실습을 위해 갖추어야 할 이론적 배경과 외국의 사회복지현장실습의 사례를 제공함으로써 사회복지현장실습에 대한 폭넓은 이해와 통찰력을 얻을 수 있도록 제작하였다. 또한 실습의 각 단계에 필요한 설명 및 서류 작성 방법 등을 상세하게 소개함으로써 교육 현장뿐 아니라 실천 현장에서도 직접 활용할 수 있도록 구성하였다.

특히 대학에서 사회복지현장실습 교육과정을 진행하기 위해 사전교육, 학생 수퍼비전, 세미나 수업 등에서 교재로 활용할 수 있도록 실질적인 내용을 담았다. 제1부에서는 사회복지현장실습에 대한 이론적 배경을 설명하면서 외국의 사회복지현장실습 체계와 사례를 함께 제시하여 우리나라 실습교육 발전에 대한 함의를 찾고자 했다. 제2부에서는 사회복지현장실습의 전 단계부터 평가단계까지의 주요 교육 내용과 진행 시 유의사항을 포함하여 실습진행 시 발생하는 여러 현실적인 문제에 대한 예방과, 발생 시 해결 방안을 담고자 하였다. 제3부에서는 최근 사회복지현장실습의 주요 교육내용으로 더욱 강조되고 있는 사회복지기관 및 지역사회 분석, 사회복지프로그램 개발, 사례관리에 대한 설명을 추가하였다. 제4부에서는 사회복지현장실습 표준서식을 제시하여 유용한 실습메뉴얼로 활용할 수 있도록 하였다.

본서에 포함된 최근의 사회복지현장실습 자료와 사례의 수집에 도움을 주신 인천재능대학교 사회복지과 교수님들과 재학생들, 그리고 미국의 사회복지현장실습 자료를 제공해주신 손해인 미국 뉴욕주한인사회복지사협회장님께 진심으로 감사드린다.

2015년 8월

저자 일동

차·례

Chapter 03 사회복지현장실습 수퍼비전 / 38

Chapter 04 외국의 사회복지현장실습 / 61

2부 사회복지현장실습 과정

Chapter 05 사회복지현장실습 전 준비 단계 / 77

Chapter 09 사회복지 프로그램 및 사례관리 / 143

4부 사회복지현장실습 표준서식

제 1 부 사회복지현장실습 이론

Chapter 01

사회복지현장실습의 개념과 목적

1. 사회복지교육과 사회복지현장실습

사회복지현장실습은 사회복지를 전공하는 학생이 교육과정을 통해 습득하고 학습한 전문직의 가치관, 지식, 기술 등을 사회복지실천 현장에서 적용해봄으로써 전문가로서의 정체감을 확립하고, 능력있는 사회복지사가 될 수 있도록 훈련하는 사회복지교육의 핵심과정이다. 이에 사회복지현장실습을 정의하기에 앞서 사회복지 및 사회복지실천의 개념을 살펴보고 사회복지실천 전문직의 가치관을 고찰할 필요가 있다. 따라서 본 장에서는 사회복지 및 사회복지실천의 개념과 가치관을 살펴본 후 사회복지교육과 사회복지현장실습에 대해 정리하도록 하겠다.

1) 사회복지 및 사회복지실천의 개념

'사회복지(Social Welfare)'는 국민의 생활 안정 및 교육 · 직업 · 의료 등의 보장을 포함한 복지를 추구하기 위한 사회적 노력으로, 사회적 안녕 상태를 일컫는 의미와, 사회적 안녕 상태를 만들기 위한 사회의 총체적 노력을 포함한다(엄명용 · 김성천 · 오혜경 · 윤혜미, 2005). 이러한 정의에 따르면, 사회복지는 사회적으로 바람직한 상태를 집합적인 노력의 방식으로 달성하는 것을 의미한다.

'사회복지실천(Social Work Practice)'은 '사회복지'와 '실천(實踐: 실제로 해냄)'이 결합한 용어로, 사회복지에서의 이행(履行), 즉 사회복지의 상태를 달성하기 위해 이행하는 모든 구체적인 행위를 의미한다. 이와 같은 맥락에 의하면 사회복지실천에는 정책과 행정뿐만 아니라 치안, 교통, 환경 등 광범위한 사회 문제를 해결하기 위한 행위 모두가 포함되어야 할 것이다. 그러나 사회복지학에서 특정하는 사회복지실천은 사회복지사가 클라이언트의 문제해결을 위해 필요한 구체적 서비스를 제공하는 것에 초점을 맞추고 있다. 이에 따라 사회복지실천은 사회복지를 실현하기 위한 과학적인 기술과 지식, 사회복지사의 전문적인 원조활동을 강조하는 대표적인 개념으로, '환경 속의 인간(Person In Environment)'이라는 관점에서 사회복지의 목적을 달성하기 위해 이루어지는 직접적 · 실제적인 활동으로 정의할 수 있다.

이러한 사회복지 및 사회복지실천의 기본 관심 영역은 개인 간 또는 개인과 사회제도 간의 관계에 있으며, 사회적 · 경제적 정의를 증진하고, 개인이 인간다운 품위와 자유를 향유하며 살 수 있는 기회를 보호 · 보장하는 수단과 방법을 통해 개인 및 사회 간 관계의 발달에 기여하는 것이다. 따라서 사회복지 및 사회복지실천은 모든 개인이 자신의 생활과업을 달성하고 당면하는 고통을 극복하거나 경감하며, 나아가 개인적 혹은 집합적인 소망을 실현하는 능력에 영향을 미치는 인간과 환경 사이의 상호작용에 초점을 둔다.

사회복지 및 사회복지 실천은 다음과 같은 목적을 추구한다.

- 개인, 가족, 집단, 조직, 지역사회가 당면하는 문제를 예방하고 필요시 다양한 자원을 활용할 수 있도록 도와주어 각 체계의 사회적 기능을 증진 · 치유 · 유지 · 강화하는 데 있다. 다양한 자원이란 개인의 내적 잠재력 또는 대인관계 능력 및 재능, 사회적 서비스나 제도, 기타 환경 내의 가능한 기회 속에서 찾을 수 있다.
- 인간의 기본적인 욕구를 충족시키고 인간의 능력과 재능의 발달을 지원하

기 위해 필요한 사회복지정책 및 서비스, 프로그램을 기획 · 개발 · 적용하는 데에 있다.

- 이상의 사회복지 정책 및 서비스, 프로그램의 추구와 실현은 법적인 옹호활동, 로비활동, 전문가로서의 증언활동, 지방 또는 전국적인 연합활동의 참여, 공적인 직책을 획득하는 활동 등을 포함하는 여러 가지 형태의 사회적 · 정치적인 행동을 통해서 이루어질 수 있다.
- 사회복지실천의 목적 달성과 관련된 전문적 지식과 기술을 개발하고 검증하는 데 있다. 전문 사회복지 및 사회복지실천은 공적 · 사적 조직 및 기관으로부터 인정을 받으면서 생존해야 하는 자기 규제적인 전문직이다. 따라서 다양한 역할과 기능으로 복합적인 실천 상황 속에서 전문적 가치관과 윤리에 의해 주도되는 지식과 기술을 활용한다.

한편 사회복지사는 모든 인간의 생활과업 수행과 고통의 경감 및 극복, 자신 및 타인의 권리, 사회 정의 등과 관련된 소망과 가치를 실현하는 데 필요한 사회자원, 서비스, 기회에 동등하게 접근할 수 있어야 한다는 신념을 가져야 한다.

다음은 사회복지사의 전문적 실천을 주도하는 사회복지실천 가치관과 원칙이다.

- 사회복지에서 이루어지는 모든 관계는 인간 개인의 가치와 인간적 존엄에 대한 기본적 배려를 기반으로 형성 · 유지 · 발전되어야 하며 상호적 참여, 수용, 비밀보장, 정직성, 갈등을 책임있게 처리하는 노력에 의해 증진된다.
- 개개인의 선택의 권리, 서비스를 위한 계약을 체결하는 권리, 원조 과정에 함께 참여해야 하는 권리 등을 존중해야 한다.
- 사회제도가 보다 인간적이고 인간 욕구에 적극적으로 반응할 수 있도록 변화시키는 데 기여해야 한다.
- 사회복지실천을 통해 다양한 인구집단의 특성을 존중하고 수용할 수 있는 행동이 나타나야 한다.

- 사회복지사는 자신의 윤리적 행동, 사회복지실천의 질적인 보장, 전문적 지식 및 기술의 지속적 성장을 이루어야 하는 책임을 가진다.

2) 사회복지교육과 사회복지현장실습

사회복지교육의 본질적 핵심은 전문적으로 사회복지를 실천할 수 있도록 훈련하는 것으로, 이러한 학문의 목적은 학교의 이론적 교육과 이를 실천할 수 있는 사회복지현장실습 경험을 통해 달성할 수 있다. 이를 위해 사회복지교육은 학생이 배워야 할 교육내용을 명확히 하고 학생의 다양한 학습유형과 개인적 배경에 적용할 수 있는 알찬 교육 프로그램을 통해 정보와 지식, 자원을 제공해야 한다.

이를 위해 다음과 같은 교육 과정의 구성이 필요하다.

- 사회복지 교육과정은 질적으로 최대한 동등한 교육을 실시해야 한다.
- 사회복지 교육과정은 학생이 졸업 후 일하는 일정한 지리적 범위 내에서 다양한 대상과 일할 수 있도록 준비시켜야 한다.
- 사회복지사가 실천가로서 자신의 미래를 위한 기반을 조성하고 최근 지식을 접할 수 있도록 하며 지속적으로 탐구 · 학습할 수 있는 능력을 계발하고 자신의 전문적 발달을 위한 책임감을 인식하도록 돕는 교육을 실시해야 한다.

사회복지교육에서 학사과정은 사회복지현장에 입문하려는 학생을 위한 첫 단계의 교육과정으로, 사회복지에 기본이 되는 지식, 가치관, 과정, 기술을 포함한다. 사회복지사는 자기비판적이고 책임있는 지식의 활용에 있어서 초보 전문가 수준의 숙련성을 갖추어야 하고, 지식과 교양교육의 요소를 통합해야 한다. 또한 다양한 규모 및 유형의 서비스체계에서 정규적인 실습 수퍼비전(Supervision)을 받으면서 전문직의 공통적 기본과정 내용을 상황에 따라 변별적으로 적용할 수 있는 전문적 판단과 숙련성을 발휘해야 한다. 또한 학부과정에서는 클라이언트의 이익을 위해 자원을 조직하고 클라이언트에게 직접 서비스를 제공할 수 있는 능력을 함양할 수 있도록 교육해야 한다.

2. 사회복지현장실습의 개념과 목적

1950년대 일부 대학에서 사회복지교육 프로그램을 시작한 이후, 개별사회사업 및 지역사회개발 분야의 사회복지실천현장에서는 사회복지학석사학위(Master of Social Work)를 취득한 미국 사회복지사에게 수퍼비전을 받는 형식으로 사회복지현장실습이 이루어졌다.[1] 그리고 이후부터 오늘날까지 사회복지현장실습은 타 학문과 차별화되는 응용과학적 교과인 사회복지교육의 핵심으로 사회복지 교육과정에 포함되어 있다. 이에 본 장에서는 사회복지교육의 중요 교과인 사회복지현장실습의 개념과 목적을 살펴보도록 하겠다.

1) 사회복지현장실습의 개념

사회복지현장실습은 사회복지 교육과정의 필수적 구성요소로, 현장실습(Field Work), 현장경험(Field Experience), 실습교육(Field Instruction), 현장학습 및 훈련(Field Teaching and Learning), 실습(Practicum), 인턴과정(Internship), 현장교육(Field Education) 등 다양하다. 우리나라 교과과정에서는 사회복지실습이나 현장실습 등으로 불리는데, 한국사회복지사협회에서 발간한 『사회복지현장실습 실태조사 및 지침서』(2010)에서 사회복지현장실습으로 명칭을 사용한 이후 사회복지현장실습(Social Work Practicum)이라는 용어를 상례로 사용하고 있다.

1) 1958년, 이화여자대학교 내 사회사업학과가 독립된 후 2학점의 Case Work 실습을 실시한 기록이 있다(최원규, 1998).

사회복지현장실습은 학교에서 배운 지식과 개념을 실제 상황에 적용함으로써 전문교육의 특성인 실제적 상황 속에서 학생의 실천적 지식, 기술 및 가치관을 학습하는 기회를 제공하는 핵심적 교과과정이다(김선희 · 조휘일, 2000).

학생에게 사회복지현장실습은 사회복지실천 교육과정에서 가장 생산적이고 기억에 남는 만족스러운 경험으로, 지식을 적용하면서 새로운 기술을 터득하고 그동안 배워 온 여러 과목을 통합하여 보살핌의 심성을 지닌 실천가로 훈련할 수 있는 기회가 된다. 뿐만 아니라 사회복지실천현장에서의 경험은 지식의 수준을 한층 깊게 만들고 도전의식을 갖게 하며 인간행동, 사회구조, 사회정책, 개입을 위한 선택과 대안, 사회복지실천에 대한 개인 나름의 개념화 및 분석적 사고방법을 개발 · 정리할 수 있는 시간이 되기도 한다. 또한 학생과 교육자에게는 학생의 사회복지실천에 대한 사명감과 타인과 더불어 일할 수 있는 능력을 시험해보는 계기가 될 수 있고, 사회복지실천 전문직이 학생의 흥미와 적성에 맞는지, 장래 직업으로 사회복지사가 적절한지 평가하는 기회를 제공한다는 면에서 매우 중요한 의의를 가진다.

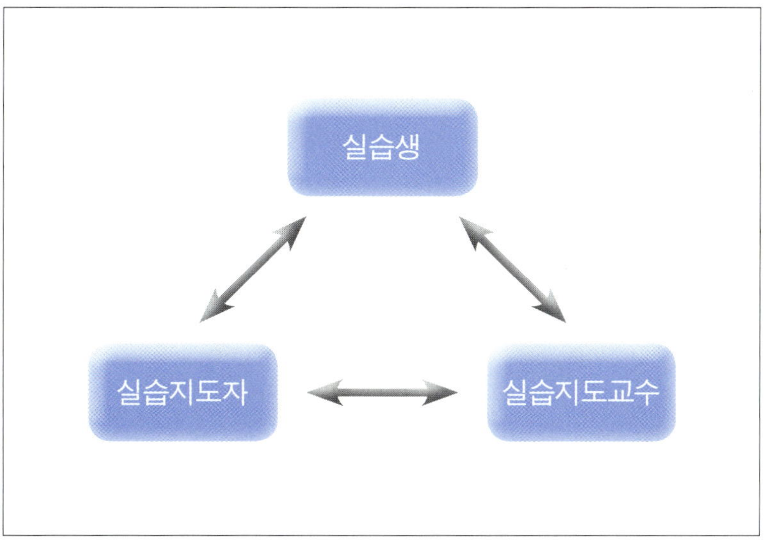

[그림 1-1] 사회복지현장실습의 구성요소

이와 같이 사회복지현장실습은 실습생과 실습기관, 교육기관이 있어야 하고 실습생과 실습지도자, 실습지도교수가 자신의 역할에 충실하며 실습기관과 교육기관의 충분한 지원이 있어야 성공적인 실습을 진행할 수 있다.

2) 사회복지현장실습의 목적 및 목표

사회복지실천현장에서의 경험을 제공하는 사회복지현장실습은 단순히 하나의 교과목이라기보다 전체 사회복지실천 교육과정의 내용을 전문적 실천으로 적용할 수 있는 통합적 과목이다. 결국 사회복지현장실습의 궁극적인 목적은 전문직을 규정하는 지식 · 기술 · 가치관을 실천에 반영할 수 있도록 내면화시키고 실천가로서의 정체성을 확립하고 실천 능력을 향상시켜 유능한 사회복지사를 양성하기 위해 지원하는 것이다.

사회복지현장실습의 목적은 두 가지 측면으로 구분할 수 있다. 첫째, 학생이 수업에서 습득한 지식 · 기술 · 가치를 실습 경험을 통해 자신의 행동 목록 속에서 검증을 거쳐 통합하는 기회를 제공한다. 둘째, 현장에서만 경험할 수 있는 일을 통해 새로운 학습을 가능하게 하며, 기존의 이론과 방법론을 확인 · 토의하며 수정할 수 있는 계기를 마련한다. 이에 실습기관은 교육기관과 동등한 책임을 가지고 학생 개개인이 지닌 기본적 능력과 자원을 최대한 동원하고 활용하여 사회 · 심리적으로 성숙을 도모하고 전문인으로서의 태도와 지식, 기술을 갖출 수 있도록 지원해야 한다.

실습의 세 주체인 학생과 교육기관, 실습기관이 갖는 사회복지현장실습의 목적을 정리하면 다음과 같다(이경아 · 서홍란, 2012).

(1) 학생

- 사회복지실천현장에 대한 이해를 증진하고 다양한 사회복지분야의 업무와 서비스에 대해 숙지한다.
- 사회복지실천과정에 대해 이해한다. 원조과정에 참여함으로써 각 과정에서 요구하는 구체적인 기술과 전문가로서 갖추어야 할 태도를 익힌다.
- 자신의 능력과 한계에 대한 통찰력을 향상한다.
- 다른 실습생과의 교류를 통해 정보를 교환하고 대인관계기술을 향상하며 사회관계망(Social Network)을 확장한다.
- 자신의 진로를 결정하는 기회를 가진다.

(2) 교육기관

- 교과과정을 평가하기 위해 필요한 정보를 현장으로부터 얻는다.
- 사회복지교육의 효과성과 효율성을 평가하는 기회로 활용할 수 있다.
- 대학과 실천현장의 유기적인 교류를 통해 산학협력을 활성화한다.
- 학생의 취업기회를 확장한다.

(3) 실습기관

- 학교에서 습득한 지식과 기술을 실천현장에 접목할 수 있는 기회를 학생에게 제공한다.
- 대학과 협력하여 미래의 사회복지사 양성에 기여한다.
- 학교와의 지속적인 연계를 통해 이론과 실무에 대한 정보를 교류하고 산학협력의 기회를 가진다.

한편 한국사회복지사협회(2012)에서는 사회복지현장실습의 목표를 다음과 같이 제시하였다.

- 사회복지현장의 실천과정에 사회복지 가치 및 윤리강령, 지식 및 기술을 적용할 수 있는 능력을 기른다.
- 클라이언트 체계의 문제확인, 정보수집, 사정평가, 개입계획 및 개입수행, 그리고 평가과정을 경험해 봄으로써 문제해결능력을 키운다.
- 지역사회 내 위험집단이나 표적집단의 강점과 특성, 자원에 대한 지식을 활용할 수 있는 능력을 기른다.
- 사회복지시설, 기관 및 조직의 사명, 정책 및 행정을 이해하고 이를 실천에 적용할 능력을 기른다.
- 실천현장 관련 국가나 지방정부의 사회복지정책 및 전달체계를 분석하고 실천에 적용한다.
- 전문사회복지인력으로서 적성을 점검하고 자신에 대한 이해를 높이는 과정을 통해 전문적 자기인식과 전문가 정체성을 형성한다.
- 사회복지실천 현장 및 분야에 대한 이해를 높이고 실습한 내용을 학문적으로 이해 · 통합하는 능력을 기른다.

3. 사회복지현장실습의 진행 과정

사회복지현장실습의 진행은 현장 상황에 따라 상이하게 운영하고 있지만 사회복지현장실습을 실시하기 전 교육기관에서 이루어지는 실습교육은 오리엔테이션, 실습지 선정, 현장실습지 방문, 개별 및 집단 수퍼비전 및 평가 모두를 포함한다. 특히, 실천현장에서 사회복지현장실습을 실시하기 전 실습에 대한 교육을 받아야 하는데, 이러한 교육은 담당교수의 사회복지실천 이론 강의, 학생의 발표 및 토론 등 다양한 형태로 진행하지만 공통적으로 아래의 운영 방식을 따른다.

〈표 1-1〉 실습교과목의 운영

실습 오리엔테이션	• 학생이 실습기관을 정하기 전 최소 1회 이상 실습지도교수가 실시 – 준비물: 실습보고서바인더(자기소개서, 이력서, 실습생 프로파일, 실습계획서 기타 관련 문서 등), 기관에 제출해야 하는 실습평가서
실습교과목 운영방식	• 이론 강의 • 담당교수의 실습지 방문 - on/off line 상의 실습 수퍼비전 제공 • 학생 발표 및 토론
실습 일지에 대한 개별 수퍼비전	• 실습수행과정 중 실습 일지를 작성하여 담당교수에게 제출하여 수퍼비전을 받음
평가방식	• 기관의 현장실습평가 • 실습지도교수의 강의 평가 • 위의 두 가지 평가를 합산하여 산정

출처: 이경아 · 서홍란(2012). 사회복지현장실습(공동체)에서 재구성.

사회복지현장실습은 사회복지학을 다른 유사학문과 차별화하며 사회복지의 응용과학적이고 실천적인 특성을 잘 반영하는 교과목으로, 『사회복지사업법』에서는 법정 필수과목으로 규정하고 있다. 또한 사회복지현장실습에 관한 기준은 『사회복지사업법 시행규칙』 제3조에서 명시하고 있고, 실습기관, 실습지도자, 실습시간에 관하여 별도 규정을 두고 있는데, 그 내용은 〈표 1-2〉와 같다.

〈표 1-2〉 사회복지현장실습 기준(『사회복지사업법 시행규칙』)

실습기관	『사회복지사업법』제2조 제1호에 따른 사회복지사업과 관련된 법인·시설·기관 및 단체로 한다. • 사회복지사업법에 따른 사회복지법인 · 사회복지시설 • 사회복지사업과 관련된 기관 및 단체 -사단법인 · 재단법인: 관청의 허가를 받은 단체로 사회복지사업을 목적으로 하는 비영리 단체 -공공기관: 지방자치단체, 중앙정부, 국회, 자원봉사센터 등 • 사회복지서비스를 제공하는 병원, 상담소, 학교, 교정기관, 조사연구기관, 시민사회단체 등 〈참고〉 사회복지현장실습은 반드시 법적 기준에 따른 실습지도자가 있어야 함
실습지도자	• 사회복지사 1급 자격증을 소지한 자로서 3년 이상 실무 경력이 있는 자 • 사회복지사 2급 자격증을 소지한 자로서 5년 이상 실무 경력이 있는 자
실습시간	120시간 이상

또한 실습생의 경우, 필요한 선수 과목 이수를 전제 조건으로 하고 있고 실습지도교수의 경우 가능한 한 현장 실무경험이 풍부한 전임교수를 채용하여 실습지도를 담당하도록 권장하고 있다.

그 세부내용은 아래의 〈표1-3〉과 같다.

〈표 1-3〉 실습생과 실습지도교수의 요건

실습생	1) 교육기관에서 지정하는 실습 전 선수과목을 이수하되, 다음 과목을 중심으로 4과목 이상 이수 권장 - 사회복지개론, 인간행동과 사회환경, 사회복지실천론, 사회복지조사, 사회복지실천기술론, 지역사회복지론, 사회복지정책, 사회복지 윤리와 철학, 프로그램 개발과 평가 등 2) 실습기관의 기준에 따라 다음 과목을 중심으로 두 과목 이상 이수 권장 - 노인복지론, 장애인복지론, 아동복지론, 청소년복지론, 가족복지론, 여성복지론, 학교사회복지론, 의료사회사업론, 정신보건사회복지론 등
실습 지도교수	※ 다음의 기준을 모두 충족해야 함 1) 사회복지사 1급 자격증 소지자 2) - 석사학위 소지자: 교육과정 중 최소 한 학기 이상 실습을 받은 경험이 있거나 사회복지기관에서 5년 이상 근무하면서 실습지도의 경험이 있는 자 - 박사학위 소지자: 교육과정 중 최소 한 학기 이상 실습을 받은 경험이 있거나 사회복지기관에서 1년 이상 근무하면서 실습지도의 경험이 있는 자

사회복지현장실습은 실습생, 실습지도자, 교육기관이 각각 주체가 되어 조화를 이루는 교육과정으로, 다음과 같은 책무가 주어진다(한국사회복지교육협의회, 2012).

- 실습생: 실습을 통해 사회복지사로서의 자질과 기술을 습득하기 때문에 자신의 역할과 책임을 성실히 수행하고 실습지도자의 지도에 자발적인 태도로 따르며 다음의 사항을 준수해야 한다.

- 실습생은 클라이언트를 존중하고 클라이언트 및 기관에 대한 비밀보장의 원칙을 준수해야 한다.
- 실습일정을 준수한다.
- 모든 실습 업무는 실습 기간 및 실습시간 내에 수행해야 한다.
- 업무내용과 장소에 적합한 복장을 갖추어야 한다.
- 토의가 필요한 부분은 미리 준비하고 실습일정표에 따라 과제 및 참고자료를 준비한다.
- 실습일지를 비롯한 모든 과제물은 기한 내에 제출한다.
- 실습지도자의 수퍼비전 시간에 겸손하고 긍정적인 태도로 성실하게 임하고 수퍼비전의 내용을 실천에 적용한다.
- 실습일지 작성 시 당일의 실습 내용과 과정, 자신이 배운 점과 느낀 점, 차기 계획, 수퍼비전 내용 등을 구체적으로 기록한다.
- 실습지도자와 자유롭게 의사를 교환한다.
- 구체적인 실습목표를 수립하고 이를 달성하기 위해 최선을 다해 실습에 임한다.
- 학생으로서의 한계를 인정하고 실습지도자뿐만 아니라 기관 직원들의 조언과 가르침을 기꺼이 받아들이는 자세를 갖춘다.
- 실습생으로서의 역할한계를 정확하게 인식하고 업무상 중요한 결정이 필요한 경우 반드시 실습지도자에게 문의한다.

- 실습지도자, 기관 직원, 동료실습생들과 원만한 관계를 맺고 서로에게 도움이 되도록 노력한다.
- 실습 시 발생한 갈등이나 문제에 대해서 실습지도자 및 실습지도교수와 의논한다.

실습지도자: 실습생과 실습지도자와의 관계는 실습교육과정에서 가장 중요한 부분이다. 실습지도자는 현장의 교육자이면서 사회복지사로서 역할 모델이 되며 학생의 성장과 발전에 기여하기도 하므로 실습지도 시 다음의 사항을 준수해야 한다.

- 실습지도자는 실습생 교육에 대한 책임을 인식하고 이를 성실히 수행해야 한다.
- 실습지도자 자신이 사회복지실천 가치와 윤리를 준수하고 사회복지전문지식과 실천기술을 갖추어 실습생에게 귀감이 되어야 한다.
- 실습지도의 목적과 지도 방침을 설정하고 실습교육계획안을 작성하여 실습생과 실습지도교수에게 전달해야 한다.
- 실습예정자와의 사전 면접을 통해 예비실습생의 욕구를 이해하고 이에 적합한 교육이 이루어질 수 있도록 준비해야 한다.
- 실습교육에 요구되는 물품, 공간, 예산 등이 준비되었는지 사전에 점검해야 한다.
- 실습이 시작되기 전에 오리엔테이션, 실습생을 위한 학습 공간, 업무의 선정, 실습교육을 위한 협조인력 등을 미리 준비한다.
- 기관 내 직원들과 실습계획 및 일정을 공유하고 공식적으로 실습생을 소개한다.
- 실습교육을 위해 업무시간을 할애할 수 있도록 기관의 지원을 받는다.
- 관련 이론이나 지침에 대한 교육, 정기적 · 구체적인 수퍼비전을 제공한다.

- 동료나 타 기관의 사회복지실습과 자신이 지도하는 실습을 비교 · 분석하여 가장 바람직한 교육을 제공하도록 노력해야 한다.
- 사회복지 교과과정 내용에 대한 포괄적인 이해가 있어야 한다.
- 실습생을 위해 실무 지도뿐만 아니라 정서적 지지도 제공해야 한다.
- 실습생이 경험하는 딜레마, 자기 능력의 한계 등을 실습지도자에게 개방할 수 있도록 지원하고 이를 해결할 수 있도록 도움을 주어야 한다.
- 실습목표에 적합한 과제를 제시하고 과제물에 대한 적절한 피드백을 제공해야 한다.
- 실습교육목표를 달성할 수 있도록 학교와 긴밀한 협조체계를 유지한다.
- 실습생을 파견한 교육기관에서 주최하는 실습지도자 간담회 또는 실습지도교수와의 세미나 등에 참여해야 한다.
- 실습과정 중 발생할 수 있는 모든 문제에 관해 실습지도교수와 협의할 수 있는 시간을 가져야 한다.

- 실습지도교수: 실습지도교수는 대학의 실습교과목을 기획 · 운영하고 기관과 협의 하에 현장실습을 진행하며 학생에게 실질적인 수퍼비전을 제공하는 중요한 실습의 주체이므로, 실습지도 시 다음의 사항을 준수해야 한다.

- 한국사회복지사협회, 한국사회복지교육협의회의 실습교과목 운영지침을 숙지하고 이를 반영하여 실습교육을 수행한다.
- 실습 오리엔테이션을 기획하고 운영한다.
- 현장실습과 관련된 행정적 절차를 총괄한다.
- 실습교육의 질적인 향상을 위해 실습교육계획안을 점검하고 기관 및 실습지도자의 의견을 수렴 · 협의할 수 있도록 간담회 및 세미나를 주최한다.

- 실습교육과정의 지속적인 평가와 개발에 있어 실습지도자들을 참여시킨다.
- 실습기관과 실습지도자에게 실습생을 위임하고 적극적으로 지원한다.
- 실습에 참여하는 학생에게 정서적 지지를 제공하고 현장에서 부딪히는 어려움을 해결할 수 있도록 수퍼비전을 제공하여 효과적으로 과업을 수행할 수 있도록 돕는다.
- 실습생이 실습기관이나 실습지도자와의 갈등으로 어려움을 겪을 경우 갈등을 중재한다.
- 실습 기간 중 최소 1회 이상 기관 방문을 실시한다. 기관 방문 시, 실습생의 진전 여부, 실습생이 겪는 어려움, 기관실습지도자와의 고충, 추후 실습 방향에 대한 논의, 학교 내 실습교육에서 보완사항, 기관과의 협조사항 등을 파악한다.
- 직접적인 방문 이외에 간담회 등을 통하여 실습지도자와 원활한 의사소통이 가능하도록 노력한다.
- 실습 교과목 운영 시, 학생의 실습 내용 및 과업에 대한 발표, 이에 대한 수퍼비전, 토론, 실습 내용 및 과업과 관련된 이론 강의 등을 함께 진행한다.
- 실습세미나 등을 통해 학생이 자신의 실습 경험을 공유·확장할 수 있도록 지원한다.
- 실습생의 실습수행과정 및 결과에 대해 평가한다.
- 실습기관의 피드백을 반영하여 교육과정 및 내용을 수정 · 보완한다.

사회복지학을 전공하면 필수적으로 사회복지현장실습을 이수해야 졸업 및 자격 취득이 가능하다. 각 교육기관의 과정상 실습학기는 달라질 수 있지만 보편적으로 2년제 대학의 경우 2학년 1학기를 이수한 학생, 4년제 대학의 경우 3학년 1학기를 이수한 한 학생이 실습을 하게 되며, 대학원 과정의 학생은 석사과정 1학기 이상을 이수한 경우 사회복지현장실습을 할 수 있게 된다.

사회복지현장실습의 유형은 크게 방학 중 실습과 학기 중 실습으로 나누어볼 수 있으며 그 기준은 다음의 〈표 1-4〉와 같다.

〈표 1-4〉 사회복지현장실습의 유형

	방학 중 실습	학기 중 실습
기준	1일 8시간, 주 5회 실습기관에 출석하여 최소 120시간 이상 실습 시행	주당 8시간 실습기관에 출석하여 최소 120시간 이상 실습 시행
특징	학생이 실습에만 전념하게 할 수 있고 매일 기관에 출석하여 정해진 특정 기간 내에 실습환경과 전적으로 상호작용을 함으로써 발전의 기회를 가질 수 있고 학습이 신속하게 이루어질 수 있음	기관에서의 실습과 학교수업을 병행하는 형태로, 학교수업을 정상적으로 하면서 정해진 날에 실습기관에 출석하여 실습에 임하는 형태. 이 방법은 수업과 실습현장의 통합이 용이하고 교육적인 것에 중점을 둘 수 있다는 점에서 선호
참고	• 생활시설에서 실습을 할 경우, 인정되는 시간은 1일 8시간으로 최소 120시간 이상 실습 시행 • 실습기관 및 실습생의 상황에 따라 공휴일, 주말 등을 이용하여 실습 가능	

이러한 사회복지현장실습은 교육기관과 실습기관과의 협의에 따라 다소 상이하게 진행될 수 있지만 기본적인 진행과정과 그에 따른 수행 업무는 [그림 1-2]의 과정과 유사하다.

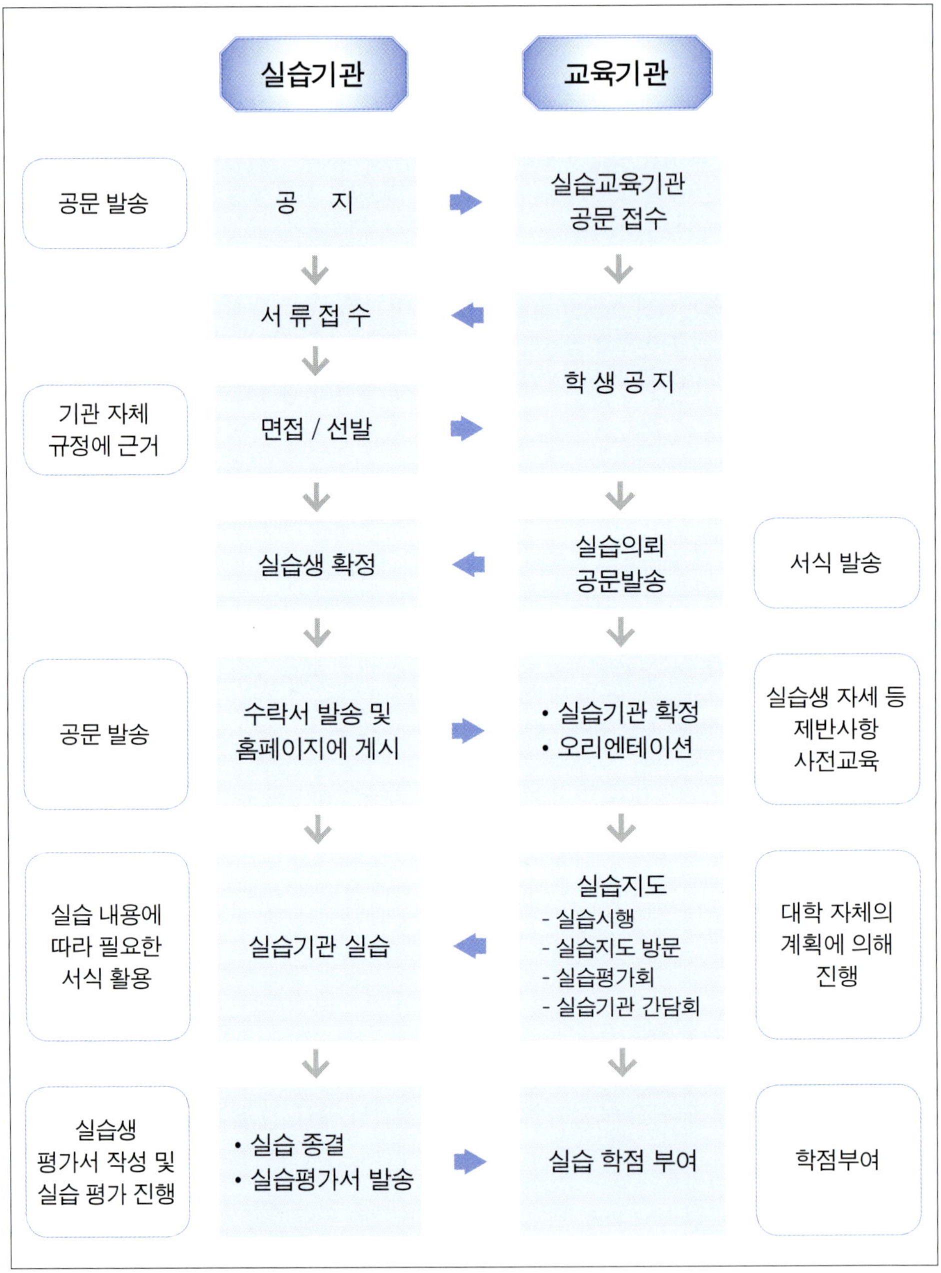

[그림 1-2] 사회복지현장실습의 기본 진행과정

Chapter

02 사회복지현장실습의 발달 과정과 교육 모델

1. 사회복지현장실습의 발달 과정

한국의 사회복지교육은 1947년 이화여자대학교에 기독교사회사업학과가 설립되면서 시작되었다. 이는 사회복지교육의 필요성이 자생적으로 형성되기 전 학문으로서 사회사업학의 고등교육의 시작을 의미한다(오수경 · 박병금 · 최은희, 2012). 특히 초기 사회복지교육은 미국의 영향을 많이 받아 1950년대에 사회복지교육 프로그램을 실시한 일부대학에서는 미국의 사회복지교육 모형을 거의 그대로 도입하기도 하였다. 이에 따라 1970년대까지는 전문성과 직접서비스 전달을 위주로 한 사회복지교육이 진행되었고, 사회복지현장실습교육도 이러한 부분과 관련되어 실시한 것으로 볼 수 있다(이시연, 2011).

1970년대 초반에 사회복지현장실습에 대한 관심이 증가하면서 1976년 한국사회복지대학협의회에서는 『실습교육지침서』를 발간하였고, 사회복지현장실습과 관련된 학위 논문들을 발표하기 시작하였다. 이 당시의 사회복지현장실습은 이전의 방법론 중심의 실습기관 배치에서 벗어나 가족계획사업기관 등 관련 분야로 확대되는 경향을 보였고, 방학 기간을 이용한 집중식 배치(Block Placement:

현, 방학 중 실습)[2]가 증가하는 추세를 보였다. 이는 복지국가에 대한 관심과 이상의 영향으로 사회복지교육과정에 있어서도 정책 및 제도에 관한 내용이 증가한 것으로 해석할 수 있다.

그러나 사회복지현장실습이 필수교과목임에도 불구하고 1980년대까지 실습 전임교수를 둔 학교는 거의 없었고 실습기관 역시 사회복지시설과 행정기관을 제외한 사회복지단체에 국한되어 있었다. 그 이유는 사회복지시설과 행정기관에는 수퍼비전을 제공할 수 있는 전문사회복지사가 없다는 것으로, 전문사회복지사를 고용하는 사회복지기관이나 단체의 수가 제한되어 있었고 낙후하고 영세한 사회복지시설은 외부인에 대해 방어적이고 관료적이며 전문직으로서의 윤리·철학·문화 등이 부재하였기 때문이다(이혜경 외, 2005).

이후 사회복지현장실습교육의 중요성이 강조되고 이에 관한 연구도 증가했지만, 1990년에 도입한 학부제로 인해 사회복지현장실습 과목이 줄고 실습기관의 범위가 교육의 내용이나 절차가 불명확한 분야까지 확장되어 적절하게 훈련받지 못한 실습지도자에 의한 문제 등 다양한 문제가 발생하기도 하였다.

2000년대 이후에 들어서면서 사회복지현장실습은 우수한 인력을 양성하기 위해 변화하고 있다. 학계에서는 사회복지실습 모델을 개발하고 한국사회복지사협회와 한국사회복지교육협의회 등의 기관에서는 실습교육의 표준화를 목적으로 사회복지현장실습지침서를 제작하여 전국의 사회복지교육기관에 배포하는 등 실습교육의 개선을 위해 노력하고 있다. 또한 보다 체계적이고 구조화된 사회복지현장실습이 이루어질 수 있도록 한국사회복지사협회에서는 보건복지부의 지원으로 사회복지현장실습 실태조사, 지침서 발간 및 세부규정을 실습기관 및 교육기관에 공지하고 실습지도자 양성교육, 공청회 등을 실시하여 사회복지현장실습환경의 변화를 주도하고 있다(한주빈, 2011).

2) 집중식 실습은 흔히 방학 중 실습으로 불리며 정해진 일정기간동안 실습기관에 배치되어 매일 실습활동을 하는 형태이다. 반면 병행식 실습(Concurrent Placement)은 흔히 학기 중 실습으로 불리며 기관에서의 실습과 학교수업이 병행되는 형태다.

현재 우리나라에서는 사회복지사업법에 근거하여 사회복지사 2급 자격증은 전공이나 학과에 상관없이 필수과목이나 선택과목 등 일정 과목의 학점이수만으로 자격을 취득할 수 있도록 허용하고 있다. 이러한 사회복지사 자격제도는 교육과정의 다양화와 연간 3만 명 이상의 사회복지전공자를 배출하는 사회복지사의 양적 팽창의 결과를 가져왔다(김병우, 2009). 이와 같은 현상은 사회복지교육내용 및 사회복지현장실습의 부실화를 야기하였고 사회복지전문직의 위상 하락과 사회복지사의 질적 수준 저하의 주요 요인이 되고 있다. 또한 최근에 사회복지현장실습 부정행위자들이 적발 · 의심되는 사례가 늘고 있어 사회복지확인서의 내용을 강화하여 책임성 확보에 주력하고 있다.

2. 사회복지현장실습의 교육 모델

사회복지현장실습의 교육 모델은 크게 시기와 운영 주체에 따른 구분으로 나눌 수 있다. 시기에 따라 도제식 접근법, 치료적 접근법, 학문적 접근법, 연결적 접근법, 성인교육학적 접근법, 운영 주체에 따라 훈련센터 모델, 교육센터 모델, 교수중심 현장교육단위 모델, 기관중심 현장교육 모델로 구분된다.

1) 시기에 따른 구분

(1) 도제식(Apprenticeship) 접근법

사회복지 전문직 초기에는 숙련된 전문가의 기술, 행동, 태도를 모델링하는 도제 접근법이 교육과 학습의 주요한 방법론이었고(Shafer, 1982; 김선희 · 조휘일, 2000에서 재인용), 이러한 접근법에서는 학생에게 실천 경험을 제공하는 데 중점을 두고 실행을 강조하였다. 이에 따라 이러한 학습경험을 제공하는 데 따르는 책임은 전적으로 실습기관에 있었다. 그러나 구조화된 실습지도 지침서를 활용하지는 않았고 체계적인 실습지도를 실시하는 데에도 한계가 있었다.

(2) 치료적(Therapeutic) 접근법

20세기 초반에 사회복지교육이 훈련 프로그램과 학교를 중심으로 형성되어 가면서 실습지도의 목적을 학교에서 학습한 지식을 실천에 적용하는 데 초점을 두기 시작했다. 또한 1920~1930년대에 정신역동 이론이 사회복지교육에 막대한 영향을 미치게 됨에 따라 실습지도에서도 학생과 실습지도자의 관계에서 나타나는 전이와 학생의 불안에 관심을 기울이게 되었고 실습지도의 목적이 교육적인지, 혹은 치료적인지 불분명한 상황에 이르렀다. 이에 따라 치료적 접근법은 실습지도가 학생의 개인적인 성격을 분석하는 데 지나치게 많은 관심을 기울인다는 점에서 비판 받게 되었다.

(3) 학문적(Academic) 접근법

1940~1960년대에 이르기까지 사회복지교육계에서는 학문적 접근법을 가장 중요하게 다루었다. 이 접근법에서는 학생의 인지적인 발달과 지식 중심 실천을 강조하였고 실습지도에서 학교의 역할을 중요시했다(Royse et al., 2009). 또한 이 시기에는 실습지도의 교육적인 기준을 만드는 노력이 시작되었다. 즉, 학교에서는 실습지도에 관한 일관성 있는 지침과 절차를 개발하는 데 관심을 기울였고 실천현장에서는 실습지도와 실습지도자에 대한 뚜렷한 기준이 필요하다는 의견이 제기되었다. 이와 같이 실습지도의 질적 향상을 도모하기 위한 노력이 확대되었으나 학교와 실천현장을 연결하고 통합하려는 노력은 거의 찾아보기 어려웠다.

(4) 연결적(Articulated) 접근법

학문적 접근법에 기반하였을 때 학교와 실천현장의 괴리가 발생하는 것을 극복하기 위한 대안으로 연결적 접근법이 출현하였고, 오늘날 대부분의 학교에서 활용하고 있다. 이는 경험적 접근법와 학문적 접근법의 특성을 통합한 것으로, 학교와 실천현장에서 모두 명확한 학습경험을 제공해야 한다는 것을 강조한다. 그러나 이 접근법을 활용함에도 불구하고 학교와 실천현장의 연결이 성공적으로 이루어지지 않고 있다는 사실이 보고되고 있다. 특히 연결적 접근법은 많은 시간이 소요되기 때문에 현실에 적합하지 않다는 의견도 있다. 그러나 학교와 실천현장의 밀접한 연결은 실습지도에 관한 문헌을 통해 그 필요성이 지속적으로 제기되고 있고 현재에도 가장 바람직한 방법으로 여겨지고 있다.

(5) 성인교육학(Andregogied) 접근법

실습생을 성인학습자로 간주하는 성인교육학 접근법은 실습지도자와 실습생 간의 평등한 관계를 강조하는 관점이다. 여기서 실습지도자는 지식 전달자가 아닌 촉진자와 자원제공자의 역할을 담당하고 실습생은 자기주도적인 학습을 하게 되는데, 이때 학습목표의 선택과 과업은 실습지도자와의 협동적인 과정을 통해 선택 · 실행한다. 그러므로 실습지도에 있어 실습생의 학습을 극대화할 수 있는 조건 및 환경이란 첫째, 성인학습자인 실습생을 이해하고 둘째, 적절한 학습경험을 선택하며 셋째, 이론과 실천을 통합하고 넷째, 실습생의 자아인식을 도와주며 다섯째, 평가에 있어 능동적인 참여를 보장하는 것을 의미한다.

2) 운영 주체에 따른 구분

(1) 훈련센터(Training-Center) 모델

훈련센터는 교육기관과 실습기관 모두의 욕구를 충족하고 상호의 목적과 질적 서비스를 확장하는 것을 돕기 위해 설립한 센터이다.

(2) 교육센터(Teaching-Center) 모델

1960년대와 1970년대 짧은 기간 동안 활용되었으며 교실학습의 연장으로 조직화하려는 시도에서 출현하였다. 학생은 먼저 교육센터에 배치되었다가 그곳에서 여러 기관으로 재배치된다. 교육경험은 서비스 현장의 욕구에 바탕을 둔 과제가 아니라 교육적 원칙의 단계에 의해 보다 우선적으로 결정된다.

(3) 교수중심 현장교육단위(Faculty-Based Field Instruction-Unit) 모델

교육기관에 의해 고용된 실습지도자가 사회복지 실습기관에 배치되고 다수의 학생이 학습지도자와 함께 배치되어 실천기술 및 이론의 통합이 빠르게 이루어진다.

(4) 기관중심 현장교육(Agency-Based Field Instruction) 모델

가장 전통적인 모델로, 학습기관으로 선정된 사회복지기관에서 자격을 갖춘 직원들이 학생과 일할 수 있는 시간을 충분히 배려하는 것이 필요하다. 또한 학교는 효과적인 교수와 학습을 위한 조건을 설정하고 기관은 장소, 설비, 교육인원, 실천과 이론을 통합할 수 있는 학습 기회를 제공한다.

이상의 모델들 중 미국에서는 훈련센터 모델과 교육센터 모델은 재정적 자원의 축소, 시간적 요인 및 교육적 가치 등에 의해 조기 중단되었고, 교수중심 현장교육단위 모델이 건전한 교육과 효과적인 실천에 기여하는 것으로 평가되었다. 현장교육이 교수진에 의해 지정되고 교수진과 교과과정 계획에 대한 책임을 나눈다는 점에서 이점을 갖고 있기 때문이다. 하지만 1970년대 재정조달의 어려움으로 인해 교수중심 현장교육단위 모델이 축소되면서 다시 전통적인 기관중심 현장교육 모델에 의존하게 되었다(김선희 · 조휘일, 2000).

우리나라에서는 대부분 기관중심 현장교육 모델에 입각한 실습이 진행되고 있다. 기관중심 현장교육 모델이 교육기관의 현실적인 여건을 고려하였을 때에 적절한 모델이라고 간주되지만 기관 자체가 다양한 문제를 갖고 있을 뿐만 아니라 제약도 있어 교육기관의 적극적인 참여로 이러한 장애물이 제거되어야만 보다 적절한 실습이 이루어질 수 있다.

3. 사회복지현장실습의 성과

사회복지교육에 있어 사회복지현장실습의 성과는 학생과 교육기관, 실습기관 모두에게 중요한 부분으로, 여기에서의 성과는 교실수업의 효과성과 실습기관 지도의 효과성을 모두 포함하는 것이다. 실제로 사회복지현장실습을 통해 다양한 성과를 얻을 수 있는데, 본 장에서는 실습의 주체에 따라 사회복지현장실습의 성과를 구분하여 살펴보도록 한다.

1) 실습생의 성과

(1) 사회복지이론 적용의 기회

학교에서 배운 이론을 실제 상황에 적용할 수 있는 기회를 가짐으로써 배운 내용을 확고히 하고 자신의 관심대상이나 영역을 발견하는 기회를 갖는다.

(2) 전문직 역할에 대한 간접적인 학습 기회

사회복지전문직은 개인 · 집단 · 지역사회를 대상으로 클라이언트의 욕구와 문제를 사정하여 적절한 개입계획을 세워 효과적으로 개입해야 하고 옹호자, 중개자, 교육자, 중재자, 임상가, 지역사회 계획과 조직자, 행정가 등의 다양한 역할을 유능하게 할 수 있어야 한다. 실습생이 실습을 통해 이러한 역할 모두를 소화할 수는 없지만 실습을 하면서 전문직의 역할수행을 관찰할 수 있는 기회를 갖게 되어 이를 통한 학습이 가능하다.

(3) 전문직으로의 사회화 과정에 참여하는 기회

실습생은 실습기관에서 실천경험을 하면서 전문직의 하위문화 속으로 사회화된다. 이러한 사회화 과정은 첫째, 전문가 집단의 성원으로 수용되어 구성원이 공유하고 있는 기대에 동조하게 되고, 둘째, 역할모델과 일치하는 전문가적인 자아개념을 발달시키게 됨으로써 이루어진다. 또한 실습 기간 동안 클라이언트, 동료, 전문가집단과 만나게 됨으로써 사회복지의 문화와 규범, 가치를 배우게 되고 이를 내면화하게 되는데, 실습생은 이러한 과정을 통해 수동적인 학습자에서 능동적인 전문가로 변화하게 된다.

(4) 장래 직업 계획을 위한 기회

사회복지현장실습은 사회복지직이 자신에게 맞는 직업인지 결정할 수 있는 기회를 제공함으로써 개인의 장래 직업 계획을 세우는 데에도 중요한 역할을 한다. 특히 교육기관과 실습기관에서는 실습생이 사회복지현장실습을 통해 사려깊은 지도감독과 평가를 받도록 함으로써 자신의 장 · 단점을 발견하고 사회복지직이 자신에게 맞는 최선의 선택인지 결정하도록 원조해야 한다.

(5) 사회복지사로서의 정체성 확립을 위한 기회

실습 기간은 사회복지사로서의 정체성이 확고해지는 시기이기도 한데, 실천현장에서 부딪치게 되는 의사결정 순간에 윤리적 딜레마를 실제로 경험하고 타 전문가들과의 관계 속에서 서비스 전달에 참여하는 등의 전문가적인 경험을 하게 되기 때문이다. 또한 실습 기간은 지식과 기술의 기반에서 의미를 끌어낼 수 있는 기간으로, 지식과 기술이 내면화되고 자신감을 갖게 됨으로써 실습생 자신의 발달에 큰 영향을 미치게 된다.

2) 실습기관의 성과

(1) 부족한 인력의 보충

실습생을 훈련하는 것은 실습기관의 입장에서 자극제가 되고 기관의 부족한 인력을 다소 보충할 수 있는 기회가 된다. 특히 숙련된 실습생이 실습기관에서 작업을 수행할 때, 기관 내의 사회복지사들은 보다 복잡하거나 해결이 어려운 문제 상황에 집중할 수 있고, 인력과 시간의 부족으로 그동안 미뤄왔던 중요한 프로그램의 시행을 시도할 수 있다. 따라서 실습생이 수행하는 업무는 실습생뿐만 아니라 실습기관에도 실질적인 도움이 된다.

(2) 미래 사회복지사 양성을 위한 기여

사회복지기관이 사회복지현장실습에 투자함으로써 사회복지사의 수와 질을 향상시킬 수 있는데, 이는 곧 미래의 사회복지사 양성에 대한 중요한 기여이다.

(3) 기관의 인력수급을 위한 계획 수립에 기여

사회복지기관이 실습교육을 제공하게 될 때 기관은 인력수급을 위해 최소한의 비용 지불과 투자를 통하여 잠재적인 지원자를 고르고 훈련 · 평가할 수 있는 기회를 갖게 된다.

(4) 지역사회 내 기관 상호 의뢰 체계 구축에 기여

기관에서 실습한 학생이 지역사회 내의 다른 기관에 취업하게 될 경우, 그 기관 서비스에 대한 정보를 갖고 있는 사회복지사가 지역사회에 존재하게 되어 기관의 인지도를 간접적으로 높일 수 있고 서비스 의뢰를 비교적 쉽게 주고받을 수 있는 체계를 자연적으로 갖게 된다.

(5) 실습지도자의 실천기술 발전을 위한 계기 제공

실습기관의 사회복지사가 실습생의 사회복지실천에 대한 지도감독을 하면서 자신의 실천기술을 보다 더 발전시킬 수 있는 계기를 제공할 수 있다.

3) 교육기관의 성과

(1) 사회복지교육 목적의 효과적인 실현

이론학습과 임상실습의 균형을 통한 교육이 가능하게 되어 사회복지 교육목적의 효과적인 실현을 할 수 있다.

(2) 실천현장과의 지속적인 접촉을 통한 현장경험의 기회 제공

교육기관은 실습지도자와의 긴밀한 관계유지를 통해 사회복지의 현장에서 이루어지는 경험을 제공받을 수 있으며, 이는 학교의 이론교육을 뒷받침하는 데에도 기여할 수 있게 되어 학교에서의 학문과 연구를 강화시켜 줄 수 있다.

그러나 이상에서 살펴본 사회복지현장실습의 성과는 주로 학생과 수퍼바이저에 의해 수행되는 만족도 조사로 제한되는 경우가 많아, 사회복지현장실습을 통해 학생의 지식, 기술, 가치 등이 숙련되었음을 나타내 보일 수 있는 기회가 부족하고, 이를 평가할 수 있는 도구의 신뢰도와 타당도가 부족해 교육과정에서 사회복지현장실습의 성과를 명료화하고 측정하는 데 어려움이 많다.

Chapter 03

사회복지현장실습 수퍼비전

1. 사회복지현장실습 수퍼비전

수퍼비전의 기원은 19세기 영국과 미국의 자선조직협회운동에서 찾아볼 수 있다. 우애방문원을 지도 · 감독해야 할 필요성에 의해 유급직원(paid agent)을 고용하게 되었는데 그들이 수퍼바이저의 전신이라 할 수 있다(이시연, 2012). 즉, 사회복지 전문직을 준비하는 학생을 대상으로 제공되는 실습 수퍼비전은 자선조직협회 등의 기관에서 직접 일하면서 배우는 과정인 도제제도를 통해 이루어진 것이다(Royse et al., 2009). 이후, 사회복지교육과정이 학교를 중심으로 전문적인 체계를 갖추게 되면서 실습지도는 현장교육을 위한 영역으로 자리잡게 되었다. 이에 본 장에서는 사회복지를 전공하는 학생의 실천수행능력의 개발을 위한 핵심적인 방법으로 간주되는 사회복지현장실습 수퍼비전에 대해 살펴보고자 한다.

1) 실습 수퍼비전의 개념 및 기능

수퍼비전(Supervision)은 라틴어의 Super(over, 위) Videre(to watch, to see, 지켜보다)의 합성어에서 어원을 찾을 수 있다(이경아 · 서홍란, 2012). 이러한 의미에서 실습지도자(Supervisor)는 타인이 하는 일을 지켜보는 감독자(Overseer)

라 할 수 있다. 따라서 실습 수퍼비전은 실천현장의 실습지도자가 실습지도를 받으러 온 학생을 교육시키는 활동으로, 개별화된 학습에 초점을 두고 개인적 · 전문적 성장을 돕는 활동이다. 즉, 실습 수퍼비전이란 기관 내에서 경험이 많은 책임 위치의 지도자가 행정적 · 교육적 · 지지적 기능을 수행하여 숙련되지 않은 실습생에게 지식과 기술을 전수하여 그가 업무수행을 보다 효율적으로 수행하고 업무에 대해 만족하도록 도움으로써 궁극적으로 클라이언트에게 보다 나은 서비스를 제공하고 실습생의 전문적 자질 향상을 돕는 과정인 것이다(오창순 · 장수미 · 김수정, 2014).

(1) 행정적 기능

실습 수퍼비전의 행정적 기능이란 실습생이 기관의 정책과 절차를 정확하게 이해하고 자신의 업무를 적절하고 효율적으로 수행할 수 있도록 지원하는 것이다. 실습지도자는 기관으로부터 실습생의 일을 지켜볼 수 있는 권한을 위임받아 기관의 정책이 제대로 수행되고 있는지를 확인하고 실습생이 자신의 능력을 최대한 발휘하여 업무에 임할 수 있도록 지원하는 것이다. 즉, 실습생이 실무를 효과적으로 수행할 수 있도록 작업환경을 조성하고 실습생에게 업무를 할당하고, 조정, 감독, 평가하는 것 등도 수퍼비전의 행정적 기능이라 할 수 있다.

(2) 교육적 기능

실습 수퍼비전의 교육적 기능은 실습생의 전문지식과 기술발전을 도모하며 실습생의 자질 향상과 자아의식을 높이는 데 초점을 두는 것으로, 궁극적인 목표는 실습생의 무지함을 없애고 사회복지실천기술을 향상시키는 것이다. 즉, 실습생과 클라이언트 간의 상호작용을 상세하게 분석함으로써 사례 접근과 개입에 필요한 지식과 기술, 태도를 가르치고 원조과정에서 필연적으로 나타나는 실습생의 버릇이나 성격 등을 자각시켜 수정할 수 있도록 한다. 이러한 교육적 수퍼비전을 통해 실습지도자는 실습생이 자율적으로 일할 수 있도록 돕고 잠재력과 능력을 개발해 발전시킬 수 있도록 지도한다. 또한 실습지도자는 실습생의 클라이언트에 대한 이해를 높이고 클라이언트와의 상호작용의 역동성을 이해할 수 있는 다양한 개입방법을 습득할 수 있도록 교육한다.

(3) 지지적 기능

실습 수퍼비전의 지지적 기능은 사회복지사의 사기(morale)와 직업만족 향상에 초점을 두는 것으로, 실습지도자는 실습생이 직무와 관련한 다양한 스트레스를 적절히 해결하고 효과적으로 업무를 수행할 수 있도록 심리적 · 대인관계적인 지원을 한다. 실습 수퍼비전은 초보실천가를 준비시키는 데 결정적인 역할을 할 뿐 아니라 서비스 전달 체계의 질을 통제할 수 있는 수단이다(Sheafor and Horejsi, 2006).

특히, 실습 수퍼비전은 실습지도자가 활용하는 다양한 실습지도 방법 중 가장 기본적인 것으로서 학생의 학습에 초점을 두어야 하기 때문에 직원 수퍼비전과 다음과 같은 면에서 차이가 있다.

- 학생의 학습에 초점을 두는 실습 수퍼비전과 달리 직원 수퍼비전은 직원이 서비스 이용자에게 훌륭한 서비스를 제공하는 것을 주요 초점으로 둔다.
- 직원 수퍼비전에서의 관계는 수퍼바이저(Supervisor)와 수퍼바이지(Supervisee) 모두 기관의 고용인인 반면 실습 수퍼비전에서의 관계는 실습생이 고용인이 아니라는 점에서 차이가 있다.
- 직원 수퍼비전에서의 훈련 책임은 계선조직을 거쳐 전적으로 기관에 있는 반면, 실습 수퍼비전에서는 실습지도자가 훈련 체계에 대한 책임을 갖는다.

〈표 3-1〉 수퍼비전의 기능별 목표 및 주요 내용

구분	행정적 수퍼비전	교육적 수퍼비전	지지적 수퍼비전
목표	작업 배경 제공	업무능력 개선	업무만족감 지원
장애물	비합리적 조직	무지와 낮은 인지능력	정서 불안정
내용	조직의 구조와 사회복지사의 업무를 도울 수 있는 기관 자원 제공	업무에 필요한 지식과 기술 제공	효과적으로 업무를 수행할 수 있도록 심리적 · 대인관계적 지원 제공
관심영역	효율적인 조직에 사회복지사를 연결시켜 사회복지사가 조직의 구조와 자원을 효율적으로 이용할 수 있게 하는 데 관심을 둠	지식과 기술의 향상을 통해 사회복지사의 효율성을 증대시키는 데 관심을 둠	업무수행을 방해하는 스트레스를 줄이고 사기를 증진시켜 사회복지사의 효율성을 증대시키는 데 관심을 둠
사회복지사 모델	효율적으로 과제를 수행하는 사회복지사	자질있고 능력있는 사회복지사	공감적이고 이해심 많은 사회복지사
과제	직원의 채용과 선발 직원의 임명과 배치 업무계획 업무할당 업무위임 업무 검토 및 평가 업무 조정 의사소통 촉진 행정적 완충 변화 대행	가르침 학습촉진 훈련 경험과 지식 공유 정보 제공 명확화 지침 제공 사회복지사 원조 전문적 성장 제고 조언, 제안, 문제해결 원조	스트레스 유발 방지 스트레스 해소 스트레스 대처 원조 신뢰 형성 관점 공유 결정 책임 공유 성공의 기회 제공 동료를 통한 지지 업무 관련 긴장 완화

모든 학생은 실습에서 개인적인 근심이나 실습지도자 및 클라이언트, 기관에 대한 불안 등을 경험하게 된다. 특히 실습이 낯선 초기에는 지각을 하거나 직무에 집중하지 못하는 문제를 보이기도 하는데, 실습지도자는 지지적인 수퍼비전의 제공을 통해 실습생의 이러한 행동을 잘 다루어야 한다. 또한 실습이 진행되는 과정 내내 실습지도자는 실습 수퍼비전의 기능을 최대한 활용하기 위해 체계적인 수퍼비전을 계획해야 하므로, 실습 초기에 실습에서 이루어질 수퍼비전의 구조와 방법을 함께 계획하는 것이 필요하다. 이에 실습생의 학습경험과 기회를 최대한 제공하기 위해서는 다음 사항이 포함되어야 한다(Baird, 2010).

- 수퍼비전을 위한 만남의 빈도와 시간
- 수퍼비전을 위한 만남에서 다루어질 내용
- 실습생이 배우기 원하는 지식과 기술, 학습 방법
- 수퍼비전을 위한 만남에서 실습지도자와 실습생의 개인적 이슈가 다루어질 수준
- 평가와 피드백의 절차

2) 실습 수퍼비전의 유형

(1) 개별 수퍼비전(Individual Supervision)

개별 수퍼비전이란 실습지도자와 실습생 간 일대일로 이루어지는 것으로, 가장 전통적인 방법으로 알려져 있다. 개별 수퍼비전은 실습생을 개별화하여 한 개인에게 많은 시간을 투입할 수 있는 장점을 가지고 있어 초심자와 다수의 클라이언트를 담당하고 있는 실습생에게 적합하다(Carall, 1996). 하지만 시간과 비용의 소요가 많고, 수퍼바이저의 영향을 많이 받는다는 단점을 가진다. 특히 개별 수퍼비전을 제공하는 실습지도자는 사회복지실천에 대한 지식과 이해, 교육과정, 인간에 대한 이해를 필요로 하며 개별 수퍼비전을 제공할 때 실습생의 자기인식을 촉진하기 위해 실습지도자의 의도적인 개입이 요구되기도 한다.

(2) 집단 수퍼비전(Group Supervision)

집단 수퍼비전이란 실습지도자와 실습생 소집단 간에 이루어지는 것으로, 사례발표, 사례회의 등이나 개별 수퍼비전을 보완하는 것으로 활용된다. 집단 수퍼비전은 실습기관뿐만 아니라 기관 직원회의나 오리엔테이션에서도 이루어지며 학교에서 세미나 및 그룹 토론 시에도 활용한다. 이 방법은 집단 구성원 간, 또는

실습지도자와 실습생 간 서로의 경험을 공유하고 원활한 의사소통을 꾀하며 집단 내에서 문제해결과정을 경험하기도 하며 혼자서 성취하기 어렵거나 불가능해 보이는 목표를 달성하는 기회가 되기도 한다. 집단 수퍼비전에서는 집단의 기본 원칙과 역동성, 집단 내에서 이루어지는 학습의 일반 원칙이 집단 수퍼비전에 적용될 수 있기 때문에 실습지도자가 상당한 집단지도 기술을 갖추고 있어야 한다. 또한 집단의 리더로서 실습지도자는 집단의 상호작용을 활성화하고 초점을 유지하는 기술도 갖추고 있어야 한다.

(3) 동료 집단 수퍼비전(Peer Group Supervision)

동료 집단 수퍼비전이란 동료들 간에 자발적으로 이루어지는 것으로, 실습과정에서 실습생들이 실습지도자의 참여 없이 실습활동에 대한 주제를 선정하고 토론하면서 자연스러운 분위기 속에서 자신의 의견과 생각을 표현할 수 있는 기회를 통해 배우는 방법이다. 이는 전형적인 수퍼비전이라 할 수는 없지만 동료 간의 상호교류 자체가 사회적 지지의 역할을 한다는 점에서 중요한 가치가 있다.

동료 집단 수퍼비전을 실시하기 위해 집단 구성원은 다양한 경험과 지식은 물론 충분한 지기인식과 전문가로서의 합당한 윤리의식이 있어야 한다. 그러나 이 방법은 수퍼비전을 제공할 수 있는 실습지도자가 없다는 한계가 있어 동료 집단에서 모임을 마친 후 실습지도자에게 점검을 받아 보완하기도 한다.

(4) 공동 수퍼비전(Co-Supervision)

공동 수퍼비전이란 교육학에서 차용해 온 것으로, 공동으로 그룹을 운영하는 방법이다. 즉, 한 명 이상의 실습지도자가 실습지도의 책임을 나누는 것으로, 최근 들어 그 효과성과 효율성을 인정받아 실습기관에서 많이 활용하고 있다. 공동 수퍼비전을 통해 실습생은 보다 용이하게 수퍼비전을 받을 수 있으며 폭넓은 지식과 경험, 관점을 배울 수 있고 다양한 학습 기회를 부여받을 수 있다는 장점이 있다.

(5) 사례회의(Case Presentation)

사례회의란, 실습지도자가 실습생에게 배정된 담당 업무나 담당 사례를 중심으로 실습생에게 정기적인 수퍼비전을 제공하는 방법이다.

(6) 임시 수퍼비전(Ad Hoc Supervision)

임시 수퍼비전이란 실습지도자와 실습생이 정기적으로 계획된 상황이 아닌 수퍼비전이 필요할 때마다 수퍼비전 시간을 갖는 것으로, 주로 실습생의 의문점을 해결하기 위한 방법으로 활용된다. 이러한 임시 수퍼비전을 통해 실습생은 문제를 해결하고 교육의 효과를 높일 수 있는 것으로 알려져 있다.

(7) 라이브 수퍼비전(Live Supervision)

라이브 수퍼비전이란 실습지도자가 실습생이 제공하는 서비스 현장에 함께하여 실질적인 수퍼비전을 제공하는 것이다. 예를 들어, 실습생이 클라이언트를 면담하는 현장에 실습지도자가 동석하거나 클라이언트와의 만남의 현장을 일방경(one-way mirror)으로 관찰하는 경우이다. 이러한 라이브 수퍼비전은 생생한 장면을 양자가 직접 경험할 수 있다는 장점이 있다. 다만, 클라이언트와 동석을 하는 등의 상황에서는 필히 클라이언트의 자발적인 동의를 구해야 하고 실습지도자는 더욱 신중하게 행동해야 한다.

3) 실습지도자의 역할

수퍼비전은 사회복지실천의 전문성 향상을 위해 매우 중요하므로 실습생이 사회복지현장실습에서 실습의 목표를 성공적으로 달성하기 위해서 체계적이고 전문적인 수퍼비전이 필요하다. 실습지도자는 실습생에게 실천지식과 기술을 가르치고 멘토와 역할 모델을 한다. 이는 실습생이 실습지도자를 모델로 하여 사회복지의 가치 · 윤리 · 지식 · 기술을 배우게 되는 것을 의미한다. 또한 실습지도자는 실습교육에서 가장 중요한 책임을 가질 뿐만 아니라 실습생과의 관계에 직접적인 영향을 미치므로 실습교육의 만족도를 결정하는 요인이 된다.

실습지도자는 기관의 정책과 방침에 따라 실습 업무가 효율적으로 이루어지도록 책임지고 실습생이 학교에서 배운 전문지식과 기술을 활용하고 실습 수퍼비전을 통해 습득할 새로운 지식과 기술을 이용하여 클라이언트에게 질 높은 서비스를 전달하도록 지도한다. 또한 실습생이 자신의 능력과 한계에 대한 통찰력을 갖고 클라이언트를 원조하며 전문인으로 성장할 수 있도록 지도하여야 한다.

뿐만 아니라 실습지도자는 자신이 가진 지식과 기술, 정보와 자료를 실습생과 공유하고 함께 성장한다는 점에서 상호 협력적 · 수평적인 관계를 유지하여야 하며 실습 수퍼비전의 과정에서는 실습생으로 하여금 공감 · 수용 · 지지를 받았다고 느낄 수 있도록 해야 한다. 그러한 실습지도자와의 경험이 곧 클라이언트의 관계에서 재현될 수 있기 때문이다. 이는 결국 실습생과 실습지도자의 관계 및 상호작용에서 공감이나 수용 등과 같은 실천 기술을 배우게 되고 이를 원조관계에 적용할 수 있게 됨을 의미하는 것이다.

즉, 실습지도자와 실습생은 상호 협력적인 관계를 형성함으로써 기관의 발전에 긍정적인 영향을 미칠 수 있어야 하는데, 이에 데이비스와 베도(Davys & Beddoe, 2000)는 실습과정에 따른 실습지도자의 수행해야 할 역할을 다음과 같이 정리하였다(이경아 · 서홍란, 2012에서 재인용).

〈표 3-2〉 실습과정에 따른 실습지도자의 역할

1. 준비단계(Preparation)	
파악단계	• 자신의 개인적인 가치 • 자신이 선호하는 실천 이론 • 사회복지전문직에 대한 개인적인 태도와 견해 • 수퍼비전 제공의 가능성 • 실습생 역할에 대한 이해 • 자신이 속한 기관에 대한 책임 • 자신과 실습생에 대한 기관의 기대 • 실습생을 보낸 학교의 책임 • 자신과 실습생에 대한 학교의 기대 • 기관에서 제공되는 학습 기회 • 실습생을 배치하기 위해 필요한 자원 • 실습생과 기관 간의 갈등과 혼란이 발생할 수 있는 영역
오리엔테이션	• 실습생에게 다음 내용 소개 - 기관의 목적과 사업, 예산 - 서비스 제공의 우선순위 - 기관의 조직 구조와 담당 직원의 서비스 제공 절차 - 클라이언트 기록의 비밀보장, 고지된 동의, 기록과 관리지침 - 기관과 지역사회 관계, 지역 내 타 기관에 대한 의뢰 및 타 기관으로부터의 의뢰 체계 - 프로그램 · 서비스와 사회복지사의 역할 - 업무수행에 따른 안전지침 - 업무수행을 위한 적절한 복장 및 태도
2. 시작단계(Beginning)	
협상하기	• 실습생과 함께 교육계획 세우기 - 학습욕구와 일치한 학습목표 세우기 - 실습생이 담당하게 될 업무를 명료화하기 - 업무와 학습 기회를 매치시키기 - 평가방법을 구체화하기
조사하기	• 기대했던 것과 차이가 나는 것을 조사하기
승인하기	• 수퍼비전을 위한 계약
준비하기	• 실습승인과 관련된 실습지도자의 방문 등을 준비 • 학생의 업무목록 작성

3. 중간단계(Middle)	
종사하기	• 현장실습지도와 관련된 제반업무 관장
제공하기	• 수퍼비전 제공 • 실습생에게 과제를 부여, 감독, 지속적인 피드백 제공하기
준비하기	• 실습생의 중간평가를 위한 학교 실습지도교수의 방문 준비
유지시키기	• 실습생과의 관계 유지
4. 종결단계(Ending)	
원조하기	• 학생이 실습을 성공적으로 마무리할 수 있도록 원조
평가하기	• 학생의 업무 수행과 학습목표 달성 여부에 대한 평가
준비하기	• 실습평가서 준비
제공하기	• 학생이 현장실습을 완수할 수 있도록 기회를 제공하고 작별인사 하기
종결하기	• 실습지도자/실습생 쌍방이 코멘트와 피드백을 주고받는 수퍼비전 제공

실습 수퍼비전이 실습생에게만 긍정적인 도움이 되는 것은 아니다. 실습지도자는 수퍼비전을 통해 가르치는 기술을 향상시킬 기회를 가질 수 있으며, 실습생으로부터 창조적 · 진보적인 생각, 최신 이론과 사회복지실천기술에 관해 많은 도전과 자극을 받게 된다. 또한 실습생의 아이디어와 에너지를 활용하여 기관의 서비스와 프로그램을 향상시키는 데 공헌할 수 있는 기회도 갖게 되므로 실습지도자의 성장과 발전에도 상당한 도움이 될 수 있다.

4) 학습 계약

(1) 학습 계약의 개념 및 필요성

학습 계약이란 실습생과 실습지도자가 정해진 실습 기간 내에 실습생이 무엇을 어떻게 배울 것인지 정하기 위해 개발한 구조화된 문서로, 학습 계약은 교육의 계획과 설계에 있어 실습생의 능동적 참여를 격려하고 실습생을 대상이 아닌 주체로 처우하며 실습생 개개인을 책임 있고 자기지향적인 독립된 개체로 인식하여 풍부한 경험을 활용하려는 데에 가치를 두고 있다.

사회복지실천에서 학습 계약(Learning Contract)은 전문사회복지실천 가치관과 인본주의적 교육철학에 바탕을 두고 학생과 교수, 혹은 실습지도자의 협력에 의해 의도한 교육적 결과와 교수-학습자원과 방법, 평가과정 등을 구체화한다는 점에서 관심을 받게 되었다(김선희 · 조휘일, 2000). 일반적으로 학습 계약은 결과적 목적 혹은 목표, 목표에 도달하기 위한 행동 혹은 지표를 포함하는 실습의 구조를 서술하며, 학교가 설정한 실습교육 목표를 기반으로 작성하지만 특정 기관에서 특정 학생의 학습 프로그램을 개별화할 수도 있다.

학습 계약의 형성 과정은 실습생과 실습지도자가 실천 행동의 관찰과 검색, 그 행동의 반성적 고찰, 전문적 지식 기반과의 연관성, 학교가 기대하는 결과적 목표와의 관련성 등을 찾아내는 작업에 참여하는 것이다. 따라서 실습지도자와 실습생이 함께 실습생 능력의 기초 수준을 사정하여 성장을 촉진할 수 있는 학습경험을 계획하고 실습지도자의 역할을 '모든 것을 다 아는 전문가(all-knowing expert)'의 위치가 아닌, 실습생의 학습을 계획하는 데 함께 노력하는 동반자로 역할 하는 것을 의미한다. 그리고 이를 통해 작성한 계약은 실습의 각 시점의 성취를 측정하는 도구로써 지속적 사정과 계획에 기여한다.

또한 학습 계약은 어떤 방향에서 학습이 이루어져야 할 것인지를 명시적인 용어로 공식적으로 밝히는 역할을 하는데, 다음과 같은 이유에서 필요하다.

실습생은 학습계약서를 통해 특정 기관에서 학습 프로그램을 개별화할 수 있다.

각 실습생은 각기 다른 능력과 경험을 통해 실습을 시작하므로 실습교육의 목적과 목표를 성공적으로 성취하기 위해서는 실습생의 욕구와 능력에 기초한 개별적 프로그램이 필요하다. 즉, 실습지도자와 실습생은 계약서 작성을 통해 실습생의 기본실무능력을 측정하고 성장을 촉진하게 될 학습경험에 대한 개별적인 계획을 세워 이를 토대로 실습과제를 선정할 수 있게 된다.

중요한 실습 평가의 근거로 사용할 수 있다.

학습계약서를 통해 실습지도자와 실습생은 평가를 위해 어떠한 자료를 사용할지 사전에 함께 결정할 수 있고, 실습의 결과로 나타나는 실습생의 실무수행정도를 구체적으로 나타낼 수 있으며, 실습생에게 배움이 더 필요한 부분을 알려줄 수도 있다.

실습에서 발생할 수 있는 오해의 가능성을 최소화하고 책임성의 기초를 제공한다.

실습생이 실습이 진행됨에 따라 계약서의 내용이 실현되어 가는 것을 지켜보며 만족감을 느끼게 할 수 있을 뿐만 아니라 기관에서 자신의 시간을 계획적으로 사용할 수 있도록 할 수 있다. 학습 계약은 실습이 학습경험으로서 인식되어 실습생을 직원을 대체하는 인력으로서만 활용하지 않도록 하는 방법이기도 하다.

실습의 촉진 혹은 장애가 되는 점을 발견할 수 있다.

학습 계약의 작성과정에서 실습생의 자원봉사 활동 경험, 생애 경험, 이수한 과목을 탐색해 볼 기회를 가질 수 있게 되어 실습을 촉진할 수 있는 능력이나 효과적인 실습에 장애가 되는 점을 발견할 수 있게 된다.

실습생이 학습과정에 적극적으로 참여하게 된다.

전통적인 교육과정에서 학습활동은 교사가 구조화하고 학생은 지식획득과 평가과정에서 교사의 지시를 따르도록 하고 있으나 학습 계약은 상호과정이 핵심요소인 계약의 개념을 사용하고 있으며, 세부 실습 일정이 실습 시작과 함께 제시되므로 실습생이 보다 적극적으로 자신의 학습계획에 참여하고 실습 과제 수행에 도움이 되는 전문 서적에 대해서도 자율적으로 학습할 수 있게 된다.

(2) 학습 계약의 요소 및 기능

실습의 목적은 직접적으로 배우는 것이며 학생과 실습지도자, 실습지도교수는 실습생의 실습 내용과 학습목표에 대해 학습 계약을 수립해야 한다. 학습 계약의 수립에서 특히 중요한 것은 학교의 기대와 목적에 부합하는 학습 계약을 수립하기 위해 다음의 요소를 포함해야 한다.

- 실습교육의 일반적 목표와 프로그램에 따른 구체적 목표
- 기관의 정책과 행정 절차, 물리적 환경, 담당 인력, 개입 방법 등에 대한 실습생의 욕구
- 실습생 개인의 전문적 성장을 위한 목표
- 실습지도자와 기관의 기대
- 실습생 · 기관 · 학교의 구체적 역할
- 목표가 달성되었음을 알게 해 주는 지표

한편 사회복지 및 사회복지교육의 목적과 실천의 본질을 명확히 규명하는 학습 계약은 실습교육의 교육적 초점, 성공적인 실습지 배정, 실습지에서의 유익한 경험 등을 보장하는 점에 있어서 유용성이 크다.

학습 계약은 다음과 같은 기능을 가진다.

- 실습생에게 "실습을 통해 내가 무엇을 학습할 수 있기를 바라는가?"라는 질문을 하게 하며 실습에 대한 기대와 이론적 함의에 관한 토론을 자극하고 구조화시켜 준다. 즉, 학습 계약을 수립함으로써 학습목적 및 목표는 물론 실습의 일반적 목표, 학생의 특정한 목표, 그리고 특정 학생을 위한 교수의 구체적 목표 등에 대해 생각하고 토의할 수 있도록 자극한다.
- 적절한 실습지 배정의 선택을 가능하게 한다. 학습 계약을 통해 실습생이

학습하기 원하는 것과 실제로 필요한 것, 실습생의 학습 스타일이 명확해진다면 다양한 실습배정 선택 대안과 실습지가 실제로 제공할 수 있는 학습 기회, 실습지가 제공하는 실습교육 스타일을 평가할 수 있다. 또한 실습지도자와 실습생 간의 면접에서 상호 간에 구체화된 목표를 확인하며 현 실습지가 적절한 학습 기회를 제공할 수 있는지의 여부를 결정하기에 용이하다. 또한 면접에 의한 상호 간의 탐색에서 각자의 스타일에 대한 이해의 과정은 성공적인 학생-실습지도자-기관 간의 통합의 가능성을 증진시키며 긍정적인 교수-학습 상황과 긍정적인 관계, 나아가 생산적이고 만족할 만한 실습경험을 하게 된다.

- 기관, 실습생, 학교 등 모든 실습교육의 구성체계로부터 명확한 책임감과 사명감을 이끌어낼 수 있다. 기관은 구체적인 학습의 기회를 제공하고 실습지도자는 실습교육과 평가를 제공하며 실습지도교수는 실습교육에 필요하고 적절한 조정, 강의, 평가활동을 제공한다. 또한 실습생은 일정 기간 동안 학습 및 실습 활동에 참여하고 학교는 실습에 일정한 학점을 부과하게 되는데, 이와 같은 명백한 책임감의 표명은 기관이 가용한 모든 학습 기회를 학생에게 개방하도록 하는 계기를 만들며 실습생의 학습활동과 관련된 시야를 확대하는 결과를 산출한다.
- 실습교육을 위한 책임 및 사명의 공식화는 실습교육 목표 달성에 대한 오해나 목표 달성 실패의 가능성을 감소시킬 수 있으며, 실습교육의 기대와 실습에서의 업무수행과 실적을 사정하는 기준과 과정을 분명하게 제시한다. 실습생은 인식하지 못했던 기대나 생소한 기준에 의한 평가로 당황하게 될 가능성이 줄어든다. 또한 업무수행 및 설정에 대한 실습지에서의 평가는 불가피하게 주관적인 판단을 포함할 수밖에 없는데, 학습 계약을 적용하게 되면 사정과 평가의 주관성을 제한할 수 있도록 해준다.
- 학습 계약은 계약 당사자 상호 간의 책임성의 기반을 제공한다. 실습지에서 실습 진행 과정에 동의하지 못하거나 불만족을 느끼는 상황이 발생하면 그

것을 표현할 수 있는 근거를 제공한다. 실습에서 가장 적은 권한을 가졌으나 가장 큰 가치와 보람을 향유해야 하는 당사자인 실습생에게 중요한 의미를 주는 기능이다. 또한 학습 계약은 변경이 가능하기 때문에 실습생의 능력에 따라 처음에 설정했던 학습 수준이 확장 · 축소될 수 있다. 물론 이 과정에 실습교육과 관련된 당사자의 합의를 거쳐야 한다.

(3) 학습 계약의 내용 및 작성방법

학습 계약에는 학습목표, 실습과제와 자원, 세부일정 및 평가지표가 포함되어야 하며 실습생, 기관의 실습지도자, 학교의 실습지도교수는 학습 계약 과정에 참여하여 계약서에 각각 서명하고 실습 과정 중 성취과정을 모니터하게 된다.

① 학습목표 설정

학교에서는 다양한 클라이언트 집단의 실천적 접근에 적용할 수 있도록 일반적이고 보편적인 용어를 활용하였으므로, 실습생과 실습지도자는 학교에서 제시하는 목표를 근거로 각자의 세팅과 각 실습생의 욕구와 능력에 적절하고 구체적인 목표를 설정해야 한다. 즉, 각 세팅에서 실습생이 무엇을 배울 필요가 있는지, 무엇을 배울 수 있는지 결정하는 것이다.

실습을 통한 학습목표는 실습생의 개별적인 능력, 경력, 경험 등을 참고로 작성한다. 이때 주의할 점은 목표달성을 위해 필요한 혹은 변화되어야 할 행동이 무엇인지 구체적으로 제시해줄 수 있고 주어진 기간에 목표가 달성되었는지 평가할 수 있도록 학습의 목표가 구체적으로 명시되어야 한다.

② 수행과제와 교육자원 명시

구체적인 학습목표가 설정되면 성취를 위해 실습생이 수행해야 하는 활동이 무엇인지, 실습생과 실습지도자, 실습지도교수는 이를 위해 어떠한 역할을 할 것인지 명시하여야 한다. 이때 선정된 활동은 해당 실습기관에서 수행이 가능한지, 실습기관에서 제공할 수 있는 교육자원이 무엇인지 등도 함께 명시하여야 한다.

③ 단계별 세부실습계획서 작성

학습목표 및 수행과제가 결정되면 이를 성취하기 위해 실습 기간 중 어떠한 학습경험을 할 것인지 단계별, 주별로 구체적인 활동계획이 이루어질 수 있다. 이러한 구체적인 계획서가 실습 시작 전에 제시되면 실습생이 개인적으로 문헌을 연구하거나 관련된 준비를 할 수 있게 되어 실습활동에 동기와 준비도가 향상될 수 있다. 또한 실습교육이 계획대로 진행되고 있는지, 혹은 기관의 다른 행사에 밀려 적절한 학습경험을 제공받지 못하고 있는지 등 실습교육에 대한 학생의 평가도 용이하게 되므로, 기관의 책임성도 강화될 것이다.

④ 평가지표와 서명

학습목표의 달성 여부를 명확하게 파악하기 위해서는 결과가 측정가능한 형태로 규정되어야 한다. 그러나 사회복지실천의 효과가 측정가능한 지표로만 나타낼 수 없는 것과 마찬가지로, 실습생의 학습목표 달성여부도 객관적 지표로만 결정할 수 없다. 따라서 과제 수행의 양에 대한 객관적 지표와 함께 과제 수행을 관찰한 실습지도자의 평가, 보고서를 읽은 실습지도교수의 평가 또한 중요한 자료로 활용되어야 할 것이다.

〈표 3-3〉 학습계약서 형식

학습계약서

■ 실습지도회차: 회차(session) ■ 실 습 생:
■ 실습지도일시: 년 월 일 ■ 실습지도시간:

1. 표적 목적

연번	표적 목적	비고
1		
2		
3		

2. 과제선정

1) 표적 목적 ①

연번	표적 목적	비고
1		
2		
3		

2) 표적 목적 ②

연번	표적 목적	비고
1		
2		
3		

3) 표적 목적 ③

연번	표적 목적	비고
1		
2		
3		

출처: 이시연(2002). 사회복지전공 학부생 실습지도 모델개발에 관한 연구. 서울여자대학교 박사학위논문.

〈표 3-4〉 과제평가서 형식

과제평가서

■ 실습지도회차: 회차(session) ■ 실 습 생:
■ 실습지도일시: 년 월 일 ■ 실습지도시간:

※과제평가※

1) 표적 목적 ①

연번	평점(점수)	실행일시-1회차	실행일시-2회차	실행일시-3회차	비고
과제1					
과제2					
과제3					

2) 표적 목적 ②

연번	평점(점수)	실행일시-1회차	실행일시-2회차	실행일시-3회차	비고
과제1					
과제2					
과제3					

3) 표적 목적 ③

연번	평점(점수)	실행일시-1회차	실행일시-2회차	실행일시-3회차	비고
과제1					
과제2					
과제3					

출처: 이시연(2012). 사회복지전공 학부생 실습지도 모델개발에 관한 연구. 서울여자대학교 박사학위논문.

5) 실습 기록

(1) 실습 기록의 목적

실습 기록은 실습생과 실습지도자, 실습 동료가 서로 의견을 소통할 수 있는 하나의 방법이며 실습생 자신과 자신의 실천과정 및 결과를 점검하고 이론과 실천을 통합할 수 있는 기회를 제공하며, 책임성을 증진시키도록 하는 사회복지실천의 중요한 도구이기도 하다. 따라서 실습 기록을 통해 실습생과 실습지도자는 구체적인 학습목표를 기억하면서 실습생의 발전을 촉진할 수 있다.

실습 기록에는 클라이언트와의 상호작용뿐만 아니라 기관에서의 회의, 접촉, 전화상담 등 실습생이 수행한 모든 일의 내용이 반영되어야 한다. 이를 통해 실습지도자와 실습지도교수는 학습진행사항을 점검하여 보완해야 할 교육내용을 알 수 있으며 평가의 근거로도 활용할 수 있다.

이러한 실습 기록의 교육적 목적은 다음과 같다.

- 문서화된 기록은 반영적 실천(reflective practice)을 위한 자극을 줌
- 클라이언트의 욕구와 활용 가능한 자원에 대한 실습생의 이해 증진
- 교육적 사정과 학습계획을 기본으로 하여 실천가와 학습자로서의 실습생에 대한 정보 제공
- 다른 실천가와 실습생의 협력에 대한 정보 제공
- 전문직 또는 다른 전문직 간의 의사 소통에 대해 가르칠 수 있는 내용 제공
- 특권적 의사 소통, 고지된 동의, 비밀 보장과 같은 윤리에 대해 가르칠 수 있는 내용 제공
- 실습생이 실천에 있어서 체계적인 책임성을 학습할 수 있는 기회 제공
- 교실 수업에서의 자료 제공
- 연구 목적을 위한 기관 정책 자료 제공

실습 기록의 양식, 분량 및 과제는 사회복지실천영역 및 실습생의 교육적 욕구, 사회복지사로서의 발달 단계, 기관에서 요구하는 책임성, 서비스의 목적, 사회복지 프로그램의 목적과 목표에 따라 다양하다. 또한 모든 실습 기록은 클라이언트의 사생활 보호 차원에서 비밀 보장의 원칙이 지켜져야 한다. 그러나 실습 기록을 교육의 목적으로 수업에서 활용하고자 할 때에는 학교와 기관 간에 특정 협정을 맺을 수 있다. 일반적으로 교육의 목적으로 학교와 기관 간에 기록을 공유하는 것은 묵시적으로 허용되고는 있으나 클라이언트의 개인적 정보의 노출은 사전에 충분히 논의되어야 한다.

(2) 실습 기록의 유형

실습 기록은 실습생의 질문과 실습지도자의 반응을 함께 기록하고 코멘트와 대화 내용도 기록할 수 있도록 각 페이지마다 여백을 두는 것이 유용하다. 다음은 각 유형별 실습 기록 양식에 대한 간략한 설명이며 각 유형은 필요에 따라 조합할 수도 있고 제한적으로 변형될 수 있다.

① 축어록(Verbatim Recording)

이 양식은 클라이언트와 사회복지사의 만남 및 과정 등을 가능한 한 많이 기억하여 기록하는 방법이다. 시작부터 마지막까지의 모든 과정이 기록되며 지도에 필요한 광범위한 자료를 제공함으로써 실습생과 실습지도자가 전체 세션을 검토할 수 있다. 또한 실습생이 자료를 선택하거나 조직할 필요가 없고 실습지도자에 대한 의존을 줄일 수 있는 장점이 있다. 다만 시간이 오래 걸린다는 제한점이 있다.

② 구조화된 기록(Structured Recording)

실습지도자가 기록유형을 제공하고 실습생은 그 유형에서 제시하는 주제 내에서 자신의 개입에 대해 기록하는 방법으로 다음과 같은 내용을 포함할 수 있다.

- 관찰(모습, 좌석, 신체적 언어, 말, 정서)
- 인터뷰, 집단, 모임의 목적 설명
- 사회복지사와 클라이언트가 하는 기대의 공통점과 차이점
- 세션의 내용(클라이언트가 제기한 주요 이슈를 대화체 혹은 서술형으로 기록)
- 클라이언트 체계와의 상호 작용에서 선정된 강조점
- 느낌(클라이언트와 실천에 대해 학습, 개입에 대한 비평)
- 사정(토의된 주요 주제, 세션 중에 성취된 것들, 인간 · 문제 · 환경에 대한 이해 증진 정도)
- 다음 세션의 계획
- 실습에 대한 질문

이 방법은 실습생의 책임감 강조, 실습생 스스로 자신의 일을 계획 · 조직하는 것, 개입의 목적성 강조, 실천의 논리적 · 과학적 특성 강조 등의 장점이 있으나 역시 시간이 오래 걸리는 단점이 있다. 특히 이 방법을 활용하고자 할 때는 상호 토의 후 양식을 결정하여 최선의 것을 도출할 수 있다.

③ 요약 기록(Summary Recording)

주요 주제와 세션의 내용을 요약하면서 실습생과 클라이언트 간의 상호 작용 중 세부 내용을 기록하는 방법으로, 일반적으로 구조화된 기록의 틀을 따른다.

④ 아젠다 기록(Agenda Recording)

기록, 개입, 사정, 자원, 일반적인 실천의 관심이나 학습 욕구에 대한 토론 문제나 주제를 포함한다. 기본적으로 실습생이 작성하지만 실습지도자가 토론을 위한 부가적인 주제를 제시할 수 있다.

⑤ 개별 및 집단 사례 기록

가. 개별 사례 기록

실습회의에 대한 준비도에 따라 교육적 효과가 달라질 수 있기 때문에 실습지도자는 실습생의 기록을 미리 검토하고 회의에서 실습생의 이슈에 기초한 관심과 질문에 대한 토의를 준비해야 한다. 또한 실습회의에서 실습지도자는 실습생의 기록에서 주제를 선정하여 논의를 진행하므로 실습 기록에는 실습생의 실천과 학습 욕구가 최대한 반영되어야 한다.

실습생은 기록에 대한 부담을 가질 수밖에 없는데, 실습지도자는 학습 과정의 다양한 차원에서 기대하는 것이 무엇인지를 분명히 하고 구체적으로 의사소통을 함으로써 실습생의 불안감을 감소시킬 수 있다. 또한 이러한 과정을 통해 실습생은 기록의 필요성, 실습지도자가 요구하는 기록의 형태 및 내용에 대해 이해할 수 있어야 한다. 일반적으로 효과적인 기록에는 실습생 자신의 행동, 사고, 감정에 대한 정보를 포함해야 하며 이러한 기록 과제는 실습생이 학습 과정을 진행하고 학습목표에 도달하는 것을 돕는다.

나. 집단 사례 기록

집단 사례로 실습을 하는 실습생은 실습지도자에게 집단에서 일어난 일을 시간의 흐름에 따라 기록하는 과정 기록을 제출해야 하고, 실습교수가 이 기록을 활용할 수 있게 해야 한다. 이 기록은 수퍼비전에 매우 중요하며 수업에서 과정과 기술을 다루고자 할 때, 기초로 활용될 수 있으며 실습생에게 중요한 학습 도구가 된다. 이를 통해 실습생은 집단과 일하면서 자신의 기술 발달 여부, 자신의 역할, 개입, 실천의 경향을 인식하고 이해할 수 있다.

집단 사례 기록에서 고려해야 하는 것은 실습생의 반응과 사고가 집단에서 실제 일어난 내용과는 구별되어 기록해야 한다는 것이다. 따라서 과정 기록 문장 옆에 별도의 칸을 만들어 기록하는 방법이 바람직한데, 여기에 실습지도자는 실습생의 활동과 관찰에 대해 코멘트하여 실습생에게 수퍼비전을 준다.

Chapter 04

외국의 사회복지현장실습

1. 영국의 사회복지현장실습

영국의 사회복지현장실습은 학부 과정과 석사과정에서 다음 〈표 4-1〉과 같이 초급 과정과 최종 과정을 이수하여야 한다.

〈표 4-1〉 학교 사회복지현장실습교육 규정

	학부 실습생	석사 실습생
초급 과정	• 70일의 풀타임 • 2학년 9월부터 시작 가능: 사회 돌봄 현장	• 70일의 풀타임 • 1학년 2월부터 시작 가능
최종 과정	• 100일의 풀타임 • 3학년 9월부터 시작 가능: 법정 개입 경험을 제공할 수 있는 현장	• 100일의 풀타임 • 2학년 1월부터 시작 가능

또한 실습생은 HCPC(Health and Care Professions Council) 윤리강령기준을 준수하면서 각 과정을 이수하여 전문적인 역량을 갖추었다는 것을 증빙하기 위해 실습보고서 3개, 실습에 대한 비평적 분석보고서 3개, 실습지도자가 작성하는 보고서 1개 등 최소 7개의 실습 포트폴리오를 제출하여야 한다.

실습생을 지도하는 실습지도자의 자격 역시 과정에 따라 다른데, 초급 과정의 실습교육을 지도하기 위해서는 1단계 수준의 교육을, 최종 과정의 실습교육을 지도하기 위해서는 2단계 수준의 교육을 받아야 한다. 해당 교육은 영국의 전 지역에서 정기적으로 실시되며 보통 5일 동안 이루어지는데, 2013년 9월부터 모든 실습지도자는 HCPC와 사회사업대학에 의해 규준된 실습지도 교육을 이수하여야 한다. 또 사회복지실천 현장에서 훈련받아 최종실습교육 수준의 지도가 가능한 사회복지사에 한해 사회복지현장실습을 지도할 수 있는데, 2015년 9월부터는 정식으로 학교에 등록된 사회복지사만 실습지도를 할 수 있도록 강화되고 있다.

영국은 공적·민간기관 및 비영리기관 등에서 실습교육을 제공하며, 노인, 아동, 가족, 거주시설, 주간보호, 병원, 지역사회 시설 등 매우 다양하고 광범위한 실천현장에서 실습교육 기회를 제공하고 있다. 이러한 실습기관은 오랫동안 공적·민간기관 및 비영리기관, 교육기관과 협력적인 파트너쉽을 형성해 온 영국사회사업협회(BASW: British Association of Social Works)에서 관리하고 있다.

영국의 사회복지현장실습 절차는 실습기관 배정 전·후에 따라 다음과 같이 실행된다. 먼저 실습기관 배정 전에는 실습지도교수가 실습생을 만나 개별적으로 실습계획을 세우게 되는데, 이때 실습생에게 특별한 요구가 있는지 확인하여야 한다. 만약 실습생이 장애지원 서비스를 받아야 할 경우 담당 교수는 적절한 서비스를 받을 수 있도록 지원해야 한다. 이와 같이 실습생 개개인의 상황을 고려하여 지원서를 작성하여 대학의 실습교육 담당자에게 전달하면 실습기관 배정 담당자와 사전미팅을 하게 되고, 실습생과 담당 교수가 논의한 내용 중 실습생이 동의한 것에 한해 기관에 전달한다. 이후 실습생이 실습기관에 배정되면 실습생은 자신의 장애와 건강상태를 고려하여 조정해야 하는 부분을 요구할 권리를 가진다. 이러한 경우, 실습지도교수는 실습생의 동의하에 실습지도자와 실습생에 관련된 정보를 공유할 수 있지만 이러한 정보 역시 실습생의 동의한 내용에 한해서만 공개하여야 한다. 특히 장애를 가진 실습생을 지도하는 실습지도자는 해당 기관의 장애지원 서비스 담당자 혹은 평등부서와의 상담을 통해 실습생을 지원할 수 있는 자원에 관한 정보를 확보하고 있어야 한다.

영국의 사회복지현장실습에서는 실습교육 동의가 매우 중요한 의미를 갖는다.

이는 실습생의 적극적인 참여를 전제로 하며 실습생과 실습기관 간 대등하고 수평적인 관계 하에서의 능동적인 실습을 가능하게 하는 중요한 요소이기 때문이다. 이에 실습동의는 실습교육 기간이 시작되기 전에 마무리되어야 하고 동의에는 실습생의 요구 사항 및 합리적인 조정 과정 내용이 포함되어야 한다. 또한 동의사항을 기록하는 동의서를 작성할 시, 실습지도자는 가능한 한 상세히 기록할 의무를 가지며 실습생을 지원하는 내용에서는 실습기관과 대학 각각의 책임을 명확하게 구분하여 기록해야 한다. 그리고 실습지도자와 실습생, 실습지도교수는 실습 시작 3주 후에 조정 내용을 다시 한번 검토하게 된다.

이와 같은 검토 과정은 일회성으로 끝나는 것이 아니라 실습 기간 동안 지속적으로 실시되며 문제가 발생하거나 변화 상황이 생기면 이를 모두 기록으로 남겨야 한다. 특히 문제가 발생하면 실습생과 실습지도자, 실습지도교수는 이에 대해 긴밀하게 상의하여야 하고, 문제가 심각해지기 전에 해결하도록 권고하고 있다. 때문에 실습생은 사소한 문제라도 실습지도자와 공유하여야 하고 이러한 과정에서 제공된 피드백은 실습교육내용 및 업무에 반영할 수 있다. 또한 이러한 절차는 최소 3~4주에 걸쳐 공식적으로 진행되며 수정의 필요성이 제기된 문제는 적절히 수정되고 있는지 검토된다.

2. 미국의 사회복지현장실습

1897년 리치몬드(Mary Richmond)는 당시 활동하던 자선조직협회나 인보관에 소속된 직원들과 자원봉사자들을 훈련시킬 수 있는 훈련학교의 건립을 주장하였다. 그 이유는 직원이나 자원봉사자의 활동에 대한 이론적인 근거가 불충분하고 체계적인 자선 활동을 위해 훈련시킬 수 있는 프로그램의 부재로 각자의 활동이 난립하였기 때문이다. 이에 1898년, 뉴욕의 자선조직협회의 후원으로 '자선사업 훈련학교'가 건립되어 정식 사회복지교육이 시작되었다. 이후 1932년 사회복지대학협의회에서 학부 과정에서 최소 1년 동안 공부해야 하는 필수과목과 사회복지현장실습교육규정을 채택하였고 1971년에 대학원 교육 과정에도 사회복지현장실습이 포함되었다. 1984년부터는 학부와 대학원을 포함한 모든 사회복지교육과정에 사회복지현장실습이 필수적으로 포함되기 시작했는데, 이러한 시대의 변화와 함께 사회복지 교육기간, 교육과목, 교육기관 등 사회복지교육이 양적으로 증가하였을 뿐만 아니라 사회복지현장실습이 사회복지교육의 핵심이 되었다.

현재 미국 사회복지현장실습 현황을 살펴보면, 사회복지현장실습이 사회복지교육의 핵심으로 자리잡고 있어 학부 1학년 때에는 1개 학기(semester)동안 100시간을 수료해야 한다. 그 과정 동안 실습생은 개인, 가족, 집단, 조직 및 지역사회에 직접 서비스를 제공해봄으로써 전문직을 경험하며, 다양한 성적 취향 및 경제적 · 문화적 배경을 가진 클라이언트에 대한 사회 · 심리적인 사정, 인터뷰 및 평가를 포함한 핵심 기술을 익히게 된다. 2학년이 되면 2개 학기 동안 420시간을 수료해야 하는데, 1학년 때의 실습교육 경험을 기반으로 2학년 실습생은 고급 임상 및 거시적 관점에서의 실천기술과 지식을 배우게 된다. 특히 실습기관 현장에서 증거 기반 실천을 배우고 적용해보면서 고급 수준의 임상 경험을 하게 된다.

석사과정 재학 중인 실습생은 사회서비스 기관, 정부 기관, 학교, 병원, 기업 또는 지역사회기관에서 2회의 인턴쉽이나 1,000시간(석사과정 1학년 450시간, 석사과정 2학년 550시간)의 사회복지현장실습을 완료해야 하는데, 대부분의 학교에서 규정된 시간보다 많은 시간의 사회복지현장실습을 요구하고 있다. 또한 사회복지현장실습에 많은 시간을 투자하는 만큼 실습지도자의 자격요건이나 실습수업, 실습지원과정 등 실습과 관련된 모든 사항에 대한 규정이 엄격한 편이다. 이러한 사회복지현장실습에 관한 교육과정과 자격 등 모든 사항은 미국 사회사업교육협의회(The Council of Social Work Education)에서 관장하며 실습교육을 체계적으로 구축하여 현장 경험을 통해 전문가의 역량을 새롭게 개발하고자 지원하고 있다.

〈표 4-2〉 실습지도자 자격 요건

학부 과정 실습지도자	학사학위 취득 후 사회복지실천 경력을 가진 자
석사 과정 실습지도자	석사학위 취득 후 2년 이상의 사회복지실천 경력을 가진 자

한편, 보다 원활한 사회복지현장실습을 위해서 학교에서는 다음과 같은 절차를 통해 실습생을 지도하고 교육한다. 먼저 실습분야 및 실습기관, 실습지도자가 선정되면 해당 기관의 상황을 고려하여 실습생을 준비시키고 실습생의 책임에 대해 숙지시킨다. 실습이 시작되면 실습생은 실습기관으로 배치되는데, 이 과정에서 학교는 실습생과 실습지도자, 실습기관에게 실습의 방향, 훈련의 강도를 제안하기도 하고 실습생의 학습과정을 논의하기도 한다. 또한 학교는 실습 관련일정을 포함한 실습생과 관련된 기타 사항을 관장함으로써 실습생의 실습동의서와 평가서 제출 기한을 결정하고[3] 실습생 평가의 최종 결정권을 가지며 전체 현장교육경험을 평가하게 된다. 학교는 전문 책임 청구 프로그램을 통해 실습현장에 배치된 실습생을 보호할 수 있는 보험을 제공하고 실습기관과 학교의 일정이 중복될 경우 대학 규정에 따라 처리하며 기관 · 직원 · 조직에서 갈등이 발생할 경우, 실습을 연기 및 취소할 수 있는 권한을 가진다. 특히 이러한 사항을 진행하는 실습지도교수는 막중한 책임을 가지고 다음에서 설명하는 다양한 지원을 통해 실습생을 교육하게 된다.

- 실습지도교수는 학교의 감독하에 행정상 책임을 갖고 실습생과 기관의 실습지도자에게 수퍼비전을 제공한다.
- 실습지도교수는 실습기관과 실습지도자 선정을 검토하고 실습생의 과제를 점검하는 등 실습과정 전체를 모니터링한다.
- 실습지도교수는 실습기관의 인력과 자원을 수시로 점검하여 문제발생 시

3) 미국에서는 설정된 기한까지 실습 동의서와 평가서가 봉인되어 전달되지 않으면 사회복지현장실습 과목의 점수가 부여되지 않는다.

실습지도자와 상의하고 협력하여 문제를 해결한다.

- 실습지도자가 도움을 요청할 시 최대한 지원한다.
- 실습생의 정보와 기관 정보에 대한 비밀을 보장한다.
- 실습지도자와의 상호 간 피드백을 통해 다양한 교육 자료를 제공한다.

이에 실습지도자 역시 실습생을 잘 지도할 수 있는 능력과 관심, 학문적 지식과 지역사회에 대한 정보 및 통찰력을 가지고 있어야 한다. 또한 실습지도자는 기관과 현장에 대한 실습생의 이해를 도모하기 위해 실습 시작 전에 오리엔테이션을 진행해야 하며 학교에서 준비한 체크리스트를 기반으로 실습생을 점검한다. 실습동의서를 작성할 때는 실습 과제에 대해서 매우 구체적으로 제시하고 매주 1시간 이상의 공식적 수퍼비전과 1시간 30분의 비공식적 수퍼비전을 제공한다. 실습생 평가에 있어 중간평가와 최종평가 결과를 학교에 제출해야 하며, 중간평가에서 좋지 않은 평가를 받은 실습생의 경우에는 수정된 실습 계획을 작성하여 제출해야 한다.

뿐만 아니라 실습기관도 원활한 실습을 위해 다양한 지원을 하게 된다. 먼저 실습이 결정되면 기관은 제휴 계약서에 서명을 하고 실습을 시작하기 전까지 실습동의서와 실습생 채용을 확인하는 서류를 학교에 제출한다. 만약 실습지도자가 변경될 경우, 관련 사항에 요구되는 서류를 학교에 제출해야 한다. 또한 실습이 시작되기 전 기관은 실습생을 대상으로 기관의 사업목적 및 정책, 실천과정에 대한 오리엔테이션과 실습매뉴얼을 제공한다. 실습이 시작되면 기관에서는 매주 1시간 이상의 공식적 수퍼비전과 1시간 30분의 비공식적 수퍼비전을 제공할 수 있는 시간과 장소를 보장해야 한다. 또한 실습 기간뿐만 아니라 상시로 실습지도자의 능력을 개발하기 위한 교육이나 훈련 프로그램에 참가할 수 있도록 다양한 지원을 한다.

3. 일본 사회복지현장실습

1) 일본 사회복지현장실습의 개요

일본의 사회복지사를 양성하는 교육기관은 수업연한에 따라 단기양성학교, 전문학교(2년 과정), 단기대학(3년 과정), 일반대학(4년제 대학)으로 구분된다. 이에 각 교육기관별 필수 수업연한은 단기양성학교는 6개월 이상, 전문학교와 단기대학은 총 600시간 이상, 일반대학은 38과목(지정과목 22과목, 기초과목 16과목)으로, 해당 교육기관에서 교육과정을 이수한 후 사회복지사 및 개호복지사법 제7조에 근거하여 사회복지사 자격증을 취득할 수 있는 시험 응시 자격을 부여받아 시험에 합격하면 사회복지사자격증을 취득할 수 있다.[4)]

이와 같은 사회복지사 자격증 취득을 위한 교육 커리큘럼은 다음과 같이 5개 영역으로 구성되어 있다. 첫 번째 영역은 사람 · 사회 · 생활과 복지의 이해에 관한 지식과 방법(총 180시간)으로, 세부 과목은 인체의 구조와 기능(30시간), 심리학이론과 심리적 지원(30시간), 사회이론과 사회시스템(30시간), 현대사회와 복지(60시간), 사회조사기초(30시간)으로 구성되어 있다. 두 번째 영역은 종합적이고 포괄적인 상담원조의 이해와 방법에 대한 지식과 기술(총 180시간)로, 세부 과목은 상담원조 기반과 전문직(60시간), 상담원조 이론과 방법(120시간)으로 구성되어 있다. 세 번째 영역은 지역복지의 기반 정비와 개발에 관한 지식과 기술(총 120시간)로, 세부 과목은 지역복지이론과 방법(60시간), 복지행 · 재정과 복지계획(30시간), 복지서비스의 조직과 경영(30시간)으로 구성되어 있다. 네 번째 영역은 서비스에 관한 지식(총 300시간)으로, 세부 과목은 사회보장(60시간), 고령자에 대한 지원과 개호보험제도(60시간), 장애인에 대한 지원과 장애인 자립

4) 단, 실무경력 1년 이상 자는 실습이 면제되며, 통신과정 학생은 실습지도와 세미나, 집합수업의 충실을 강조하고 있다.

(30시간), 아동 · 가정에 대한 지원과 아동 · 가정복지제도(30시간), 저소득자에 대한 지원과 생활보호제도(30시간), 보건의료서비스(30시간), 취업지원서비스(15시간), 권리옹호와 성년후견인제도(30시간), 갱생보호제도(15시간)으로 구성되어있다. 다섯 번째 영역은 실습 · 연습(총 420시간)으로, 세부 과목은 상담원조연습(150시간), 상담원조실습지도(90시간), 상담원조실습(180시간)으로 구성되어 있다.

여기에서 상담원조실습이 우리나라의 사회복지현장실습에 상응하는 과목으로, 해당 기관에 실습생을 배치하여 실습이 이루어지는 과목의 특성상, 건강 진단을 통해 실습생의 건강 상태를 확인한 후에 배치하게 된다. 또한 실습지는 수시로 순회 지도가 가능한 기관이어야 하고 실습 내용과 실습지도 체제, 실습 기간에 발생할 수 있는 위험 관리 등을 충분히 상호 협의 및 점검할 수 있는 기관이어야 한다. 이러한 실습지에서 실습을 지도하는 실습지도자는 사회복지사 자격을 취득한 후 3년 이상의 상담원조 업무 경력을 가진 자로, 후생노동성장관이 지정한 강습회 과정을 수료한 자로 한정하고 있다. 이러한 실습지도자는 최대 5명의 실습생을 지도할 수 있고 한 기관에 다수의 실습지도자가 근무하는 경우, 실습지도자 수에 비례하여 실습생을 받을 수 있다.

또한 교육기관에서 실습을 담당하는 교원은 사회복지사 자격을 취득한 후 5년 이상의 상담원조 업무 경력을 가진 자로, 후생노동성장관이 지정한 강습회 과정을 수료하여야 하며 5년 이상 해당 과목을 담당한 교수 · 강사 · 조교에 한정한다. 이러한 실습 담당 교원 1인당 20명의 학생을 지도하게 되며 각 대학은 실습을 담당하는 전임 교원 1인 이상을 확보하여야 한다.

상담원조실습지도 과목은 크게 양성교육과 현장실천으로 구분한다. 양성교육에서는 주로 강의 및 이론 학습이 이루어지며 실습 후 세미나 형식으로 수업이 진행되고 현장실천에서는 각 분야나 영역별로 개입방법과 지원방법에 대해 지도한다.

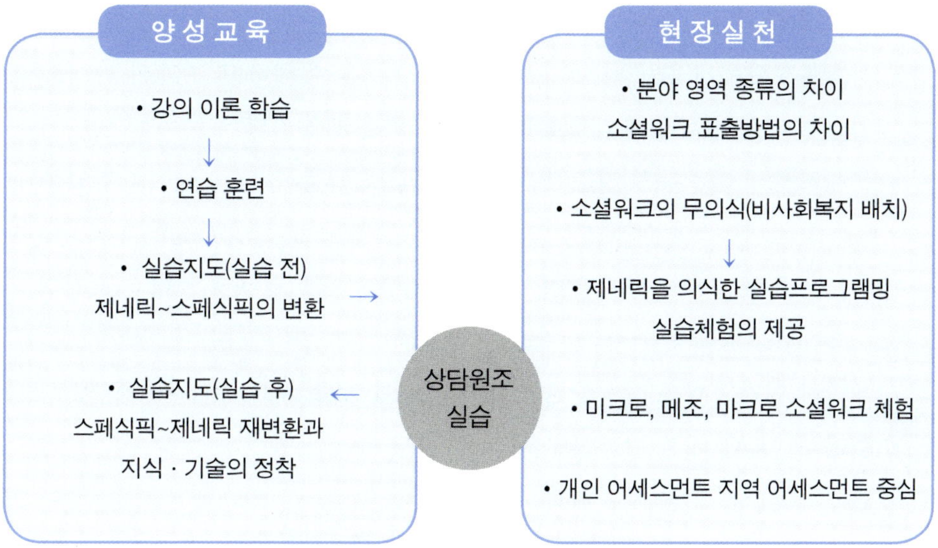

[그림 4-1] 상담원조실습 구조와 내용

상담원조실습지도 교육은 사전학습, 실습 중, 사후학습으로 구성되며 사전학습에서는 일반적인(general) 사회복지영역을 다루며 사회복지 관련 현장에서 사용하고 있는 틀이나 양식을 배우고 이용자 및 지역사회의 특성 등을 소개한다. 실습 중 교육은 실습지도자와 원활한 의사소통을 통해 합의한 공통 목표를 달성하고자 마련된 실습 내용을 중심으로, 보편적 · 기초적인 사회복지실천 경험을 배운다. 특히 이 단계에서는 사전학습 교육에서 배운 양식을 활용하여 프로그램을 개발하고 이를 기록으로 작성하는 연습도 하게 된다. 사후학습에서는 실습 내용을 평가하여 집단 지도를 통해 타 실습생과 경험도 나누면서 실습 중 경험하였던 딜레마를 해소하고 사회복지사로서 동기를 부여할 수 있는 교육이 전개된다.

이러한 상담원조실습지도 교육은 다음의 네 가지 목표를 달성하고자 한다.

- 상담원조실습의 의의에 대하여 이해한다.
- 개별지도 및 집단지도를 통해 상담원조와 관련된 지식과 기술을 실제적으

로 이해하고 체득한다.

- 사회복지사에게 요구되는 자질과 윤리 규준을 이해하고 부과된 과제를 파악하여 다양한 상황에 대응할 수 있는 능력을 함양한다.
- 구체적인 경험을 통해 전문적인 원조기술을 습득할 수 있는 능력을 함양한다.

이와 같은 목표를 달성하기 위한 상담원조실습지도 교육내용은 다음과 같다.

- 원만한 인간관계를 형성할 수 있는 의사소통기술
- 클라이언트에 대한 기본적인 이해 및 욕구 파악
- 클라이언트를 위한 지원계획 작성 방법
- 클라이언트 및 관계자(가족, 친족, 지인)와의 원조관계 형성 기술
- 클라이언트 및 관계자(가족, 친족, 지인)의 권리옹호 및 지원, 역량강화 기술
- 기관 간 원활한 연계를 통한 협업(協業)의 실제
- 사회복지사로서의 직업 윤리 이해
- 직원 채용 규정 및 조직 구성원으로서의 역할과 책임 이해
- 사회복지관련 기관 및 단체의 경영 · 서비스 관리 운영의 실제
- 지역사회의 특성 이해 및 사회복지관련 기관의 특성 · 역할 · 기능 이해
- 사회조사를 통한 사회자원 활용 · 조정 · 개발에 관한 이해

한편 상담원조실습지도 교육에서 실습지 선정은 다음과 같은 과정에 따라 이루어진다. 먼저 실습 예정 기관에 연락하여 사전 방문 목적을 설명하고 방문 일정을 결정한다. 사전 방문 일정이 확정되면 담당교수에게 보고하고 필요한 경우 담당 수업 교수에게 결석계를 제출한다. 사전 방문 후에는 사전 방문보고서를 실습 담당 교수에게 제출하고 해당 기관으로부터 실습허가서가 송부되면 실습기관이 결정된다. 실습생은 실습요항, 실습 일지, 개인표, 실습계획서, 출석부, 평가표, 개인정보보호계약서(개인정보동의서), 간이건강검사 등의 서류를 작성 · 구

비하여야 한다. 교육기관에서는 실습을 위한 오리엔테이션을 실시하고 실습생의 사회복지사 국가시험 응시 자격 교과목 이수 여부를 확인하며 응급상황 발생 시 연락이 가능한 연락처를 확보하고 재해보험에 가입하여 응급상황에 대한 준비를 하게 된다. 또한 정해진 기간 내에 실습의뢰 공문 및 실습평가결과서(반송용 봉투 동봉)를 발송하여 실습 과정에 차질이 없도록 지원한다. 이와 함께 실습기관에서는 실습지도계획서를 작성하고 실습 기간 동안 실습생이 체류할 수 있는 기관 내 장소를 확보하며 평가 체계를 점검하여 공정한 평가가 이루어질 수 있도록 준비하여야 한다. 실습이 종료되면 실습평가표, 실습 일지, 출석표, 개인표를 2주 이내에 교육기관에 제출하도록 한다.

〈표 4-3〉 상담원조실습의 과정

구분	내용	
사전실습	**상담원조실습의 의의 학습**	
	① 상담원조실습의 의의를 이해 ② 상담원조실습 내용을 이해 ③ 수업과 상담원조실습 연계를 이해	• 실습 전·후에 있어서 실습 의의 · 내용에 대하여 학습 • 실습 가기 전 마음가짐과 주의사항 학습 • 수업과 상담원조실습 연계 학습
	실습 전 실습처 기관 · 시설에 대하여 구체적 학습	
	① 실습기관의 근거법 이해 ② 실습기관의 서비스 내용, 대상자이해	• 실습처 기관 · 시설의 근거법 조사 • 실습처에서 제공한 구체적 서비스 내용(개호 · 보육 등)조사 • 지역역사, 문화, 산업, 인구동태, 복지 전체 상태 등 조사
	상담원조에 관한 지식과 기술에 대하여 구체적 학습	
	① 상담원조연습에서 배운 지식과 기술을 실습 기관에 맞추어 이해 ② 사전 지식과 기술 이해	• 사회복지실천의 지식 · 기술 학습 • 실습기관 · 시설의 사례를 통한 상담원조 학습 • 실습기관 사회복지사의 업무 조사

<table>
<tr><td rowspan="6">사전실습</td><td colspan="2">비밀보장, 개인의 프라이버시 보호에 대하여 구체적 학습</td></tr>
<tr><td>① 개인 프라이버시 보호의 필요성 이해
② 실습지에서 당면할 수 있는 상황을 상정하여 개인정보보호법 이해</td><td>• 윤리강령 준수 학습
• 사회복지사개호복지사법에 의한 의무 학습
• 개인정보보호법 가이드라인 학습
• 구체적 사례를 통해 개인 프라이버시 보호 및 비밀보장 학습</td></tr>
<tr><td colspan="2">실습 일지 기록 방법에 대하여 학습</td></tr>
<tr><td>① 실습 일지의 의의, 작성법에 대한 이해
② 실습 중 기록(메모 등)에 대한 이해</td><td>• 실습 일지 의의 학습
• 실습 일지 작성방법 학습
• 실습 일지 관리에 대하여 학습
• 실습 시 기록(메모)하는 방법 학습</td></tr>
<tr><td colspan="2">상담원조실습의 실습계획 작성방법에 대하여 학습</td></tr>
<tr><td>① 상담원조실습 계획 수립
② 상담원조실습 목표 설정
③ 상담원조실습 과제 설정
④ 실습평가방법 이해</td><td>• 실습계획서 의의 학습
• 실습계획서 작성방법 학습
• 실습계획서 작성을 통한 실습목표와 과제를 설정
• 실습평가방법 학습</td></tr>
<tr><td rowspan="2">실습중</td><td colspan="2">실습 중 실습교육 수퍼비전을 받고, 실습보고서를 작성</td></tr>
<tr><td>① 실습 수퍼비전 이해
② 실습상황의 회고
③ 실습과제 달성 상황 평가
④ 실습 중 발생한 문제 해결</td><td>• 실습교육 수퍼비전에 대한 이해
• 실습순회지도 중 실습교육 수퍼비전 제공
• 실습상황의 회고
• 실습과제 달성 상황 평가
• 실습 중 발생한 문제 해결</td></tr>
<tr><td rowspan="2">시후실습</td><td colspan="2">실습교육 수퍼비전를 받아 실습보고서를 작성</td></tr>
<tr><td>① 교원으로부터 개별 수퍼비전, 집단 수퍼비전을 받음(실습 중 행동, 실습 내용, 의미부여 딜레마 해소 등)
② 수퍼비전을 통한 자기 반성
③ 실습보고서 작성방법을 이해
④ 실습 과정 전체를 평가
⑤ 자기평가를 바탕으로 향후 학습과제 설정</td><td>• 실습교육 수퍼비전 받음
• 실습상황 회고
• 실습보고서 의의와 작성방법 학습
• 실습보고서 작성
• 실습보고서 내용에 대해 지도를 받음
• 자기평가에 대한 이해 및 향후 학습 과제 설정</td></tr>
</table>

2) 일본 사회복지현장실습의 실습 사례

1. **대학명:** 니이가타세이루대학(4년제)
2. **실습시기:** 학기 중 12일간 2회, 각 연간 4회 실시, 1일 8시간 실습시간 인정
3. **주요실습처:** 노인, 장애인, 아동상담소, 사회복지협의회, 복지사무소 등
4. **실습대상:** 3학년 대상
5. **실습비:** 1일 1,000엔 학생 부담, 수업료 납부 시 포함
6. **실습교원:** 실습 담당 교원 1인당 학생 10명 지도
7. **교육일정:** 총 420시간

실습 전 교육	커뮤니케이션, 사례연구 중심의 강의(120시간)
실습 중 교육	실습처 교육(180시간) 실습기관 순회지도 및 실습생 학교 등교 수퍼비전(90시간)
실습 후 교육	실습보고회 형식(30 시간)

8. **순회지도:** 주 1회 실습기관 순회지도, 주 1회 교육기관에 등교하여 수퍼비전 실시

제2부

사회복지현장실습 과정

Chapter 05

사회복지현장실습 전 준비 단계

1. 사회복지현장실습 교과목의 이해

사회복지현장실습 교과목은 사회복지사 자격증 취득을 위한 법정 필수교과목으로 비시험과목이다. 한국사회복지교육협의회의 사회복지학 교과목지침서를 토대로 주요 내용을 요약하면 다음과 같다.

1) 교과목명

사회복지현장실습(Social Work Practicum)

2) 학점 및 시간

- 3학점 11시간 (현장실습 8시간 + 실습세미나 3시간)
- 학기 중 실습 또는 방학 중 실습을 선택하여 실시
- 최소 120시간 이상 근무

3) 교과목 목표

- 실천현장의 문제해결 과정에 사회복지 가치 및 윤리강령의 내용, 지식 및 기술을 적용할 수 있는 능력을 기른다.
- 클라이언트체계의 문제 확인, 정보수집, 사정평가, 개입계획 및 개입수행, 그리고 평가과정을 통해 문제해결에 대한 새로운 지식과 기술을 터득한다.
- 지역사회 내 위험집단 및 표적집단의 강점 및 특성과 자원에 대해 지식을 활용할 수 있는 능력을 기른다.
- 사회복지시설, 기관 및 조직의 사명, 정책 및 행정을 연구하고 파악한다.
- 실천현장 관련 국가 및 지역(지방정부)의 사회복지정책 및 전달체계를 분석하고 실천에 적용한다.
- 전문사회복지사로서의 적성 테스트 및 자아인식을 통해 전문적 자아인식과 전문적 정체성을 형성한다.

4) 교과목 개요

학생이 교실에서 배운 사회복지실천의 가치 및 윤리, 지식, 사회복지실천과정 및 기술을 사회복지실천현장에 실제로 적용하는 현장실습을 통해 전문직의 사명감과 실천능력을 겸비한 사회복지사를 교육·훈련하는 것을 기본 목적으로 한다.

교육과정은 사회복지실천현장에 학생을 배치하여 일정기간 동안 실제로 클라이언트체계(개인, 가족, 집단, 지역사회, 조직)의 문제해결을 위해 미시적·중시적·거시적 수준에서 어떻게 일하고, 이를 통합해야 하는지를 교육·훈련하는 방법과, 교실에서 그 경험을 공유하며 피드백을 받고, 실습담당교수의 수퍼비전을 받는 실습세미나 수업방법을 병행하고 있다.

이러한 과정에서 학생은 사회복지실천과정에서 이루어지고 있는 서비스를 기획·전달·평가하는 과정에 참여하고, 자신의 업무성과에 대한 실습기관의 실습지도자와 대학의 실습지도교수의 수퍼비전을 통해 사회복지사로서의 실질적인 업무와 전문적 정체성을 인지하게 된다. 수퍼비전을 위한 실습학생의 책임은 실습 일지와 케이스 레코딩을 포함한 각종 보고서를 제출하며, 실습기관은 실습수퍼바이저를 지정하여 실습학생의 실습 일지 및 레코딩에 대한 사례회의 및 개별 수퍼비전을 주고, 대학에서는 실습담당 및 실습지도교수가 실습의 전 과정을 지도하기 위해 실습기관 및 실습지도자와의 관계를 긴밀히 유지한다.

5) 교과목 내용

(1) 실습 선행과정

- 실습 선수과목 이수 여부 확인
- 실습기관에 대한 정보 제공
- 실습기관 선정
- 실습기관별 실습학생 확정 및 통보
- 학생별 실습 목표 수립
- 실습 전반에 대한 사전교육

(2) 실습 현장지도

- 실습과제
- 실습 수퍼비전

(3) 실습세미나

- 실습보고서를 통한 실습지도
- 학생의 실습보고 세미나

(4) 실습 평가

평가시기는 중간, 학기말에 시행하며, 학생, 기관의 실습수퍼바이저, 대학 실습지도교수 등 세 주체가 평가한다(한국사회복지교육협의회, 2006).

2. 사회복지현장실습 기관 선정

1) 사회복지현장실습 기관 선정 시 고려사항

(1) 선수 과목의 이수 현황 확인

사회복지현장실습은 학교에서 배운 내용을 현장에서 직접 적용해보는 것에 강조점을 두고 있으므로 사회복지 교과목 이수가 어느 정도 이루어진 고학년에서 실시한다. 사회복지개론, 인간행동과 사회환경, 사회복지실천론, 지역사회복지론, 사회복지프로그램 개발과 평가 등의 기초과목 중 네 과목 이상을 이수하여야 하며, 실습기관의 성격에 따라 관련 교과목 이수를 요구하기도 한다. 예를 들어, 병원 실습은 의료사회복지론 교과목 이수, 학교 실습은 학교사회복지론, 장애인복지관은 장애인복지론 교과목 이수를 필수요건으로 지정하는 등이다.

(2) 사회복지기관 봉사, 기관 견학 경험의 활용

학생은 사회복지기관에서의 자원봉사, 사회복지기관 견학 등을 통하여 사회복지기관을 처음 접하게 되는 경우가 많다. 대학 입학전에 사회복지기관 봉사 경험이 있는 학생의 비율도 높은 편이다. 그러나 전공을 선택한 이후 사회복지기관에

가게 되면 이전과는 다른 시각으로 보게 된다. 학생이 흥미를 가지고 있는 사회복지 분야, 기관, 자원봉사나 견학을 통해 접해본 사회복지기관에 대해 숙고하고 평가해 보면 실습기관 선정에 많은 도움이 된다.

(3) 실습기관에 대한 정보 수집

실습기관에 대한 사전정보는 이전에 실습한 학과 선배의 평가와 추천, 지역사회에서의 기관 평판, 교수의 조언으로 종합할 수 있다. 그러나 이전에 지도가 꼼꼼하고 평판이 훌륭한 기관이었다고 해도 실습지도자가 변경되거나 기관의 내부사정 발생 등으로 기대와는 다를 수 있고, 같은 실습기관에 대한 실습생의 평가도 개인에 따라 다를 수 있음을 기억해야 한다.

2) 사회복지현장실습 기관 종류

(1) 사회복지현장실습 분야

사회복지현장실습을 실시할 수 있는 다양한 분야와 분야별 기관에 대한 이해가 있어야 학생은 본인의 적성과 흥미에 맞는 실습기관을 선정할 수 있다.

조성숙 · 이신영(2013)은 사회복지실습현장의 종류를 다음의 네 가지로 분류하고 있다.

① 일차현장과 이차현장

일차현장(1차현장)은 사회복지서비스를 일차적으로 제공하는 기관을 말한다. 노인복지관, 장애인복지관, 지역사회복지관 등 사회복지사업을 기관의 설립목적으로 하는 기관이 여기에 속한다. 이차현장(2차 현장)은 사회복지서비스가 전체

업무의 한 부분으로 기능하는 기관을 말한다. 다른 전문직이 일차적으로 업무를 주도하고, 사회복지사가 기관의 사업목적을 지원하는 서비스를 제공하게 된다. 예를 들어 병원, 학교 등이 이차현장에 속한다. 학교는 교육을 목적으로 설립한 기관이며, 학교사회복지사는 학생들의 학교적응을 돕는 일을 한다.

② 생활시설과 이용시설

사회복지서비스의 주거 포함 여부에 따라서 생활시설과 이용시설로 구분한다. 생활시설은 클라이언트가 일정한 공간에 거주하면서 서비스를 받는 곳이다. 아동양육시설, 노인요양시설, 장애인생활시설이 대표적이다. 최근에는 생활시설의 소규모화와 함께 클라이언트가 지역사회에서 자립할 수 있도록 지원하기 위해 소수의 클라이언트가 함께 모여 생활하는 공동생활가정도 증가하고 있다.

이용시설은 지역사회의 클라이언트가 사회복지서비스를 이용하는 기관으로 지역사회복지관, 노인복지관, 장애인복지관, 지역아동센터 등 다양한 기관이 있다.

③ 서비스기관과 행정기관

서비스기관은 클라이언트와 직접 대면하여 서비스를 제공하는 기관을 말하며, 행정기관은 주로 간접서비스를 제공하는 현장이다. 한국사회복지협의회와 한국사회복지공동모금회는 클라이언트와 직접 대면하기보다는 사회복지 행정 및 재정 등을 주로 학습할 수 있는 기관이다. 공공부문에서는 사회복지직공무원이 구청, 주민센터에 배치됨에 따라 공공 사회복지 전달체계를 배울 수 있고 기초생활수급권자 등 공공부문 복지서비스를 이용하는 클라이언트를 직접 대면할 수 있는 실천현장이다.

공공부문 사회복지현장실습은 그 필요성에 대한 인식은 높으나 아직 시행되지 않고 있어 시범사업을 통해 실습기관으로서의 개방이 요구되는 분야이다.

④ 비정부 기구

비정부기구는 지역 · 국가 · 국제적으로 조직된 자발적인 비영리 시민단체로, '비정부성'을 강조한 개념이다. UN에 의해 공식적으로 사용되었던 NGO의 개념은 UN에서 국가기구와 관계를 맺고 협의하는 조직, 곧 정부 이외의 기구로서 국가주권의 범위를 벗어나 사회적 연대와 공공목적을 실현하기 위한 자발적인 공식조직을 의미한다. 공동의 이해를 가진 사람들이 특정목적을 위해 조직한 NGO는 다양한 서비스와 인도주의적 기능을 수행한다. 정부정책을 감시하고, 정보제공을 통해 시민의 정치참여를 장려하며 인권, 환경, 보건, 성차별 등의 특정 이슈를 추구하기도 한다.

사회복지사업을 주로 하는 대표적 NGO단체로 기아대책, 월드비전, 컴패션 등이 있다.

(2) 사회복지사업법에 따른 사회복지기관 종류

사회복지사업법에 의한 사회복지기관의 종류는 제2조 정의에 의한 법률에 따라 구분할 수 있다. 이에 법률에 의한 대표적인 사회복지기관을 알아보기로 한다.

사회복지사업법

[시행 2015.7.1.] [법률 제12935호, 2014.12.30., 타법개정]

보건복지부(복지정책과) 044-202-3012

제1장 총칙 〈개정 2011.8.4.〉

제1조(목적) 이 법은 사회복지사업에 관한 기본적 사항을 규정하여 사회복지를 필요로 하는 사람에 대하여 인간의 존엄성과 인간다운 생활을 할 권리를 보장하고 사회복지의 전문성을 높이며, 사회복지사업의 공정 · 투명 · 적정을 도모하고, 지역사회복지의 체계를 구축함으로써 사회복지의 증진에 이바지함을 목적으로 한다. 〈개정 2012.1.26.〉

[전문개정 2011.8.4.]

제1조의 2(기본이념) ① 사회복지를 필요로 하는 사람은 누구든지 자신의 의사에 따라 서비스를 신청하고 제공받을 수 있다.

② 사회복지법인 및 사회복지시설은 공공성을 가지며 사회복지사업을 시행하는 데 있어서 공공성을 확보하여야 한다.

③ 사회복지사업을 시행하는 데 있어서 사회복지를 제공하는 자는 사회복지를 필요로 하는 사람의 인권을 보장하여야 한다.

[본조신설 2012.1.26.]

제2조(정의) 이 법에서 사용하는 용어의 뜻은 다음과 같다. 〈개정 2011.8.4., 2012.1.26., 2014.5.20.〉

1. "사회복지사업"이란 다음 각 목의 법률에 따른 보호 · 선도(善導) 또는 복지에 관한 사업과 사회복지상담, 직업지원, 무료 숙박, 지역사회복지, 의료복지, 재가복지(在家福祉), 사회복지관 운영, 정신질환자 및 한센병력자의 사회복귀에 관한 사업 등 각종 복지사업과 이와 관련된 자원봉사활동 및 복지시설의 운영 또는 지원을 목적으로 하는 사업을 말한다.

가. 「국민기초생활 보장법」

나. 「아동복지법」

다. 「노인복지법」

라. 「장애인복지법」

마. 「한부모가족지원법」

바. 「영유아보육법」

사. 「성매매방지 및 피해자보호 등에 관한 법률」

아. 「정신보건법」

자. 「성폭력방지 및 피해자보호 등에 관한 법률」

차. 「입양특례법」

카. 「일제하 일본군위안부 피해자에 대한 생활안정지원 및 기념사업 등에 관한 법률」

타. 「사회복지공동모금회법」

파. 「장애인 · 노인 · 임산부 등의 편의증진 보장에 관한 법률」

하. 「가정폭력방지 및 피해자보호 등에 관한 법률」

거. 「농어촌주민의 보건복지증진을 위한 특별법」

너. 「식품기부 활성화에 관한 법률」

더. 「의료급여법」

러. 「기초연금법」

머. 「긴급복지지원법」

버. 「다문화가족지원법」

서. 「장애인연금법」

어. 「장애인활동 지원에 관한 법률」

저. 「노숙인 등의 복지 및 자립지원에 관한 법률」

처. 「보호관찰 등에 관한 법률」

커. 「장애아동 복지지원법」

터. 「발달장애인 권리보장 및 지원에 관한 법률」

2. "지역사회복지"란 주민의 복지증진과 삶의 질 향상을 위하여 지역사회 차원에서 전개하는 사회복지를 말한다.
3. "사회복지법인"이란 사회복지사업을 할 목적으로 설립된 법인을 말한다.
4. "사회복지시설"이란 사회복지사업을 할 목적으로 설치된 시설을 말한다.
5. "사회복지관"이란 지역사회를 기반으로 일정한 시설과 전문인력을 갖추고 지역 주민의 참여와 협력을 통하여 지역사회의 복지문제를 예방하고 해결하기 위하여 종합적인 복지서비스를 제공하는 시설을 말한다.
6. "사회복지서비스"란 국가 · 지방자치단체 및 민간부문의 도움을 필요로 하는 모든 국민에게 상담, 재활, 직업 소개 및 지도, 사회복지시설의 이용 등을 제공하여 정상적인 사회생활이 가능하도록 제도적으로 지원하는 것을 말한다.
7. "보건의료서비스"란 국민의 건강을 보호 · 증진하기 위하여 보건의료인이 하는 모든 활동을 말한다.

[전문개정 2011.8.4.]

① 국민기초생활 보장법

- 사회복지직공무원이 상주하는 시 · 군 · 구 공공기관
- 중앙자활센터
- 광역자활센터
- 지역자활센터

② 아동복지법

- 아동보호전문기관
- 가정위탁지원센터
- 아동복지시설: 아동양육시설, 아동일시 보호시설, 아동보호치료시설, 공동생활가정, 자립지원시설, 아동상담소, 지역아동센터

③ 노인복지법

- 노인주거복지시설: 양로시설, 노인공동생활가정, 노인복지주택
- 노인의료복지시설: 노인요양시설, 노인요양공동생활가정
- 노인여가복지시설: 노인복지관, 경로당, 노인교실
- 재가노인복지시설
- 노인보호전문기관
- 노인일자리지원기관

④ 장애인복지법

- 장애인복지시설: 장애인거주시설, 장애인지역사회재활시설, 장애인직업재활시설, 장애인의료재활시설

⑤ 한부모가족지원법

- 한부모가족복지시설: 모자가족복지시설, 부자가족복지시설, 미혼모가족복지시설, 일시지원복지시설, 한부모가족복지상담소

⑥ 성매매방지 및 피해자보호 등에 관한 법률

- 성매매 피해자 등을 위한 지원시설: 일반지원시설, 청소년지원시설, 외국인지원시설, 자립지원공동생활시설

⑦ 정신보건법

- 국·공립정신병원
- 정신요양시설
- 정신의료기관
- 정신보건센터

- 사회복귀시설: 정신질환자생활시설, 정신질환자지역사회재활시설, 정신질환자직업재활시설

⑧ 성폭력방지 및 피해자보호 등에 관한 법률

- 성폭력피해상담소
- 성폭력 피해자보호시설: 일반보호시설, 장애인보호시설, 특별지원보호시설, 외국인보호시설, 자립지원공동생활시설, 장애인자립지원공동생활시설

⑨ 입양특례법

- 입양기관

⑩ 사회복지공동모금회법

- 사회복지공동모금회: 전국공동모금회, 지역공동모금회

⑪ 가정폭력방지 및 피해자보호 등에 관한 법률

- 긴급전화센터
- 가정폭력 관련 상담소
- 가정폭력피해자 보호시설: 단기보호시설, 장기보호시설, 외국인보호시설, 장애인보호시설

⑫ 다문화가족지원법

- 다문화가족지원센터

⑬ 노숙인 등의 복지 및 자립지원에 관한 법률

- 노숙인복지시설: 노숙인일시보호시설, 노숙인자활시설, 노숙인재활시설, 노숙인요양시설, 노숙인급식시설, 노숙인진료시설

⑭ 보호관찰 등에 관한 법률

- 보호관찰소

⑮ 사회복지사업법

- 사회복지관

이밖에 사회복지 관련 법령에 의한 실습가능한 기관, 단체의 예는 아래와 같다.

① 청소년복지지원법

- 청소년시설: 청소년쉼터, 청소년자립지원관, 청소년치료재활센터

② 건강가정기본법

- 건강가정지원센터

③ 자원봉사활동기본법

- 자원봉사센터

④ 의료법 시행규칙

- 의료기관: 의료사회복지사 근무기관

3) 사회복지현장실습등록 기관 활용

한국사회복지사협회에서는 사회복지현장실습 내실화를 위해 실습기관 및 실습지도자에 대한 등록제를 실시하고 있다. 실시목적은 사회복지사업법 시행규칙에 의한 사회복지현장실습 법적기준에 충족하는 실습기관 및 실습지도자의 정보를 제공하는 것이며, 사회복지현장실습교육의 질적 수준 향상을 위함이다. 즉, 실습생에게 신뢰할 수 있는 실습기관 및 실습지도자 정보를 제공하여 사회복지현장실습 허위 이수 등으로 인한 자격제도의 문제점을 개선하려는 제도이다.

(1) 사회복지현장실습 기관 및 실습지도자 등록

등록시스템 홈페이지인 한국사회복지사협회 자격관리센터(http://lic.welfare.net)에 법적요건(실습시간, 실습지도자, 실습기관), 실습계획, 실습비, 실습 지도 인원 등의 내용을 등록한다.

기관등록 시 첨부서류

- 시설신고증(법인의 경우 법인설립허가증, 정관)
- 실습지도자 경력 · 재직증명서
- 실습계획서(실습 총시간 포함)

① 사회복지현장실습기관 등록시스템 등록 기준

대상

- 사회복지사업법에 따른 사회복지법인 · 사회복지시설
- 사회복지사업과 관련된 기관 및 단체
  - 사단법인 · 재단법인: 관청의 허가를 받은 단체로 사회복지사업과 관련

된 비영리단체(* '사회복지사업'이란 사회복지사업법에 명시된 '정의'를 말함).
- 공공기관: 자원봉사센터 등
- 사회복지서비스를 제공하는 병원, 상담소, 학교, 교정기관, 조사연구기관, 시민사회단체 등

※ 관할 관청의 인 · 허가를 받은 상태 또는 신고된 상태여야 함. 설치 뒤 1년이 지나지 않은 경우 등록 불가. 심사 시 정관, 실습계획서 등 추가 서류를 요청할 수 있음.

방법

협회 홈페이지 기관회원 가입 → 등록신청 → 등록내용 검토 후 등록완료

등록기간

수시로 등록 가능

등록내용

- 실습기관 정보
  - 기관정보(기관명, 소재지, 연락처, 기관유형, 작성자 등)
  - 총 실습시간, 실습운영방식, 실습지도자 1인당 지도인원, 실습비, 실습계획서 등
- 실습지도자 정보
  - 실습지도자 경력사항(근무지, 근무기간, 담당업무, 총 경력기간 등)

등록승인

- 실습등록제 관리운영위원회 검토 등(소요기간 7~10일)
- 추후 등록현황에 따라 등록기간 및 소요기간 재검토

② 사회복지현장실습기관 등록시스템 등록 절차

등록신청

실습기관 → 등록시스템
실습기관 · 실습지도자
정보 모두 등록

※실습기관 정보 협회 DB 연계

⇓

등록내용 검토

법적기준 및 등록기준
적합 여부 검토

한국사회복지사협회에서
등록여부 검토, 필요시
관리운영위원회 검토 예정

변경 신청

실습기관 · 실습지도자
정보 변경 시 신청

※등록된 실습기관 정보와 연계하여 기관명, 기관유형, 실습지도자 정보만 변경 가능

⇓

등록완료

실습기관등록에 등록완료
소요기간 7~10일

※ 등록 경과 이메일 발송 또는 등록이력에서 확인 가능

법적 기준 및 등록 기준에
미충족될 경우 미등록 처리됨

⇓

**실습기관 · 실습지도자
정보공개**

교육기관, 실습생이 활용

※기관유형/지역/실습운영방식 검색, 최종 등록일자 공개

실습생 모집 공고 시 등록
완료된 기관만 게시 가능

③ 사회복지현장실습기관 등록시스템 등록방법

한국사회복지사협회 홈페이지에 법인회원(사업자)으로 가입 후

등록신청

자격관리센터 법인회원(사업자) 로그인 http://lic.welfare.net → **「현장실습 등록&검색」** 메뉴 클릭 → **「실습기관 및 지도자 등록」** 메뉴 클릭 → **「등록신청」** 메뉴 클릭

기관정보, 실습정보, 실습지도자 정보 입력 후 **등록신청** → 등록내용 검토 후 등록완료 (소요기간 7~10일) → 실습기관, 실습지도자 정보 공개

▶ 등록내용
① 기관정보 : 회원가입 시 입력한 기관정보 확인 및 변경, 작성자, 연락처, 이메일 입력
② 실습정보 : 총 실습시간, 실습운영방식, 실습지도자 1인당 지도인원, 실습비
③ 실습지도자 정보 : 성명, 자격번호, 경력 등 실습지도자에 관한 정보
※ 관련 첨부파일 : 시설신고증, 실습계획서, 경력증명서, 재직증명서 등

▶ **등록신청 내용이 등록기준에 충족하지 않을 경우 등록이 안 됨. 추후 등록기준을 충족하여 등록신청을 할 수 있음**

변경신청

※ 등록완료된 기관만 변경신청 가능

자격관리센터 법인회원(사업자) 로그인 http://lic.welfare.net → **「현장실습 등록&검색」** 메뉴 클릭 → **「등록 및 변경 신청」** 메뉴 클릭 → **「변경신청」** 메뉴 클릭

변경된 정보 입력 후 **등록신청** → 등록내용 검토 후 등록완료 (소요기간 7~10일)

④ 실습생 모집 게시판 이용

자격관리센터 법인회원(사업자) 로그인 http://lic.welfare.net	➡	「현장실습 등록&검색」 메뉴 클릭	➡	「실습생 모집 게시판」 메뉴 클릭	➡	실습정보 입력 후 공지

실습기관 등록시스템에 등록된 실습기관만 이용 가능하고 실습기관정보, 실습정보, 실습지도자정보 등을 입력하여 실습생 모집을 공고·게시하므로 실습생 및 교육기관(학교)에서 실습기관 선정 시 유용하게 이용할 수 있다.

4) 사회복지현장실습 기관 지원시 유의점

(1) 기관에 전화하기 · 이메일 보내기

사회복지현장실습은 기관에 전화를 거는 것부터 출발이라고 할 수 있다. 인터넷으로 실습생 모집 공고를 보고 이메일로 지원하였더라도 기관에 전화를 걸어서 접수가 되었는지 확인이 필요하다. 대부분의 학생은 기관에 전화를 걸어 실습에 대해 문의하는 것부터 시작하게 된다.

① 기관에 전화할 때 유의점

- 먼저 인사를 하고, 자신의 이름, 소속, 용건 순으로 말하며 표준어를 사용한다.
  예) "안녕하세요. ○○대학교 사회복지과에 재학중인 ○○○이라고 합니다. 이번 여름방학에 실습이 가능한지 여쭈어보려고 합니다."
- 기관의 실습가능 여부, 실습 기간, 실습생 모집방법, 제출서류, 실습담당자 등을 확인한다. 특히 기관의 누구와 통화하였는지, 실습담당자는 누구인지 성함을 물어보고 기록해두도록 한다.

② 기관에 메일 보낼때 유의점

- 기관에 메일을 보내어 실습가능여부를 확인하거나, 실습지원 서류를 제출하게 된다. 메일을 보낼 때는 공식적인 문구로 작성하고 메일제목, 메일내용, 첨부파일 등을 보내기 전에 확인하고 발송하도록 한다.
- 메일제목은 '2015 하계방학 실습지원 ○○대학교 ○○○입니다' 등 제목만으로도 내용과 보내는 사람을 짐작할 수 있도록 작성하는 것이 바람직하다.
- 메일내용은 전화 걸 때와 같이 자기소개와 함께 인사, 실습지원 내용, 첨부파일이 있는 경우 첨부파일에 대한 설명, 본인 연락처와 함께 마무리 인사를 작성하도록 한다.

  예) 안녕하세요. 이번 실습에 지원하고자 하는 ○○대학 ○○○입니다.
  귀 기관에서 꼭 실습을 하고 싶습니다.
  자기소개서와 이력서, 실습생프로파일을 첨부파일로 제출합니다.
  제 연락처는 ○○○-○○○○-○○○○입니다.
  감사합니다.
- 첨부파일은 파일명을 읽는 사람이 보기좋도록 저장하여 송부하도록 한다.

  예) 첨부파일1. 자기소개서_(○○대학 ○○○)
  2. 이력서_(○○대학 ○○○)
  3. 실습생프로파일_(○○대학 ○○○)

(2) 면접 준비

실습기관에 따라 실습지원 학생에 대해 서류전형과 면접을 실시하여 실습생을 선발하기도 한다. 면접은 제한된 시간 안에 주어진 질문에 대한 적절한 답변으로 자신을 최대한 표현하는 일련의 자기홍보 과정이다. 따라서 면접장에 들어서는 순간부터 나오는 순간까지 최선을 다해야 한다.

면접 전에 이미 제출한 자기소개서와 이력서가 있다면 이에 대한 내용을 다시

한번 숙지하고 면접에 임하여야 한다. 또한 자기소개서, 실습생 프로파일 등을 작성하여 면접 당일 지참하는 경우에도 본인이 작성한 내용을 숙지하여 서류의 내용과 답변이 일치하도록 준비해야 한다.

공식적인 면접은 아니어도 실습 전에 기관을 방문하도록 하여 면접의 과정을 비공식적으로 진행하기도 하므로 단순한 사전 방문이라도 면접과 같은 마음으로 임해야 한다.

면접에 임하는 주요 사항은 다음과 같다.

- 면접 전에 기관의 사전정보를 충분히 숙지한 후 방문한다.
- 두발, 의상, 신발, 화장 등의 용모를 단정하고 청결하게 한다.
- 인사는 정중하고 당당하게 한다.
- 상대방이 말할 때는 눈을 마주치며 대화에 집중한다.
- 최대한 안정적인 모습으로 교양있고, 자신감 있는 태도를 유지한다.
- 인터뷰가 끝나면 천천히 상대방을 보고 정중하게 인사한 후 나오도록 하고, 기관을 완전히 벗어나기 전까지 긴장하며 자신이 어떻게 보일지를 생각하며 행동한다(오창순 외, 2014).

4) 사회복지현장실습 기관 확인사항

실습기관을 선정하는 과정에서 확인한 내용을 토대로 세부적인 실습사항을 다시 한번 확인하고 준비하도록 한다.

(1) 실습기관 및 실습지도자

- 실습기관으로 인정되는 곳인지, 실습지도자는 자격요건에 맞는 경력을 갖추었는지 등을 꼼꼼하게 확인한다.

- 실습 기간과 함께 실습시간을 확인한다. 한국사회복지사협회에서는 실습은 120시간 이상이며, 하루 최대 인정시간은 8시간이다. 생활시설에서의 실습, 캠프 등 24시간 클라이언트와 함께 하는 경우에도 하루 8시간으로만 인정한다. 따라서 실습시간을 충분히 확보하는 방향으로 실습에 임해야 한다.
  - 지역아동센터, 지역자활센터, 청소년쉼터 등 실습 시 출근시간은 오전 11시 등으로 늦고, 퇴근시간이 밤 8시인 경우, 점심시간, 저녁시간 등을 고려하여 실습인정시간을 계산해야 한다. 이런 경우 실습 내용에 따라 하루 7시간만 인정할 수 있으므로 충분한 시간을 확보할 수 있도록 기간을 설정하여 실습하도록 한다.

(2) 실습비

실습기관은 실습생 교육을 제공하는 것에 대한 실제적인 비용이 발생하게 되며, 이러한 비용을 기관에서 전담할 수 없는 것이 현실이다. 또한 많은 사회복지기관에서는 실습생 교육은 후일의 사회복지사를 양성한다는 명분으로 사명감과 책임감에서 실시하며, 사회복지사의 주요 업무라기보다는 추가적인 업무로 인식되고 있어 실습에 소요되는 비용을 기관에서 부담하기에는 어려운 상황이다(서진환, 2001). 그러나 실습비의 액수가 기관마다 차이가 있고, 실습비에 식대를 포함하는 기관도 있고, 실습비를 부과하지 않는 기관도 간혹 있는 등 차이가 크므로 실습비에 대한 의견은 분분한 실정이다. 그러므로 학생은 실습비에 대해서도 실습 전에 확인한 후 기관에서 정하는 절차에 따라 납부하도록 한다.

3. 실습 오리엔테이션

1) 학교의 실습 오리엔테이션

학교는 사회복지현장실습 교과목을 개설 · 운영하는 주체이므로 실습과목을 수강해야 하는 학생에 대해 학교의 실습전반에 대한 실습 오리엔테이션(사전교육)을 제공한다. 하계방학 실습을 기준으로 할때, 교과목 수강은 하계계절학기 또는 2학기에 가능하지만 실습기관 선정, 학교의 실습 오리엔테이션은 하계방학 이전 1학기에 모두 진행해야 한다.

실습 오리엔테이션에서는 사회복지현장실습의 목적과 현장실습교과목 개요을 설명하고, 학생이 적절한 실습지를 선택할 수 있도록 실습지 선정기준과 지침, 신청과정에 대해 설명한다. 특히 학생이 자신의 관심분야에 따라 적절한 실습지를 선택할 수 있도록 실습기관에 대해 다양하고 정확한 정보를 제공하는 것이 중요하다. 담당교수나 조교, 선배들을 통해 실습기관에 대한 정보를 얻도록 안내하고, 기관 홈페이지나 관련단체 홈페이지를 방문하여 정보를 수집하도록 한다.

또한 기관에 제출할 이력서, 자기소개서, 실습신청서와 실습생프로파일 작성 방법을 지도한다. 현장 실습기관이 최종 선정된 뒤의 오리엔테이션에서는 실습생의 실습기관 사전 방문, 실습생의 자세 및 태도, 실습영역별 · 시설종류별 사전 준비사항, 실습관련 서류개요(실습 일지, 실습중간평가서, 종결평가서 등)및 작성 방법에 대해 실질적인 지도가 이루어져야 한다. 학생은 실습기관에 사전 방문하거나 오리엔테이션 참석 뒤 필요한 준비서류들을 개인별 바인더에 첨부하여 실습생으로서의 준비 자세를 보여줄 수도 있다.

방학 중 실습은 학교 지도교수의 밀착된 실습지도가 현실적으로 어렵기 때문에 오리엔테이션이 더욱 중요하다. 실습을 수행하기 전에 실습 일지 작성법, 중간평가서 및 종결평가서 작성법, 기관분석보고서와 공문서 작성법을 숙지한 뒤 실습에 임할 수 있도록 실습지도교수의 실질적인 안내가 필요하다. 더불어 실습 단계별 주요 과제에 대해 설명하고 과제물 제출양식과 예시를 제시한다.

현장실습 오리엔테이션에서 가장 중요하게 언급하는 내용은 실습생의 태도와 자세이다. 기본적인 인사 예절과 전화 예절, 예의바르고 공손하며 신뢰감을 주는 언어적 · 비언어적 태도, 자기소개의 방법, 복장과 행동, 지각과 결석이 없는 성실한 근무 태도 등 직장 생활에서 요구하는 기본적인 자세를 교육한다. 더불어 사회복지사로서 직원, 동료실습생, 그리고 클라이언트와 원만한 관계를 맺는 방법, 실습생으로서 적극적인 역할수행을 위한 지침과 준비사항, 학습자세 등을 지도한다. 실습생은 실습지도자나 타 직원들의 교육내용이나 회의 시 자신이 배운 점과 느낀 점 등을 메모할 수 있도록 항상 필기도구를 지참하는 것이 필요하다. 또한 실습기관이나 실습지도자와의 갈등이나 문제가 발생할 경우 실습담당교수나 조교에게 즉각적으로 보고하여 도움을 받을 수 있도록 지도한다(이경아 · 서홍란, 2011).

학교 실습 오리엔테이션은 실습 예정 학생 전체를 대상으로 대규모 특강 형태로 시행되며, 실습교육 전반에 대한 특강 외에, 주요 실습 내용에 대한 사전교육이 이루어지기도 한다. 예를 들어 사례관리, 프로포절 작성법, 기관분석보고서 작성법, 지역사회분석보고서 작성법, 공문서 작성법 등이다. 또한 선배들이 작성했던 실습보고서를 검토하는 시간을 덧붙이기도 한다.

2) 사회복지기관의 실습 오리엔테이션

기관에서는 실습 오리엔테이션을 실시하여 학생이 기관의 현황, 실습일정과 내용, 서식 등을 미리 파악하여 구체적으로 실습을 준비하도록 하는 것이 바람직하다. 실습기관은 오리엔테이션을 통해 실습생에게 기관에 대한 전반적인 정보를 제공하고, 부서별 주요 사업과 프로그램, 서비스, 주요 클라이언트 대상 등에 대해 교육하고, 현장실습 시 실습생이 주로 어떤 업무와 역할을 담당할 것인지,

이를 위해 어떠한 사전준비가 필요한지를 구체적으로 제시할 수 있어야 한다. 실습생의 자세와 행동지침에 대한 교육에서는 클라이언트에 대한 실습생의 책임과 의무, 기관에서 요구하는 실습생의 복장, 시간엄수, 사무규칙 등 구체적이고 실질적인 내용을 다루어야 한다. 마지막으로 현장실습 일정과 내용, 수행해야 할 과제, 실습비, 각종 서류양식, 기타 주의사항 등을 명확하게 설명해야 한다. 이와 같은 공식적인 오리엔테이션을 통해 예비실습생은 실습에 대한 구체적인 준비뿐만 아니라 준비된 기관에서 실습을 수행하게 되었다는 기대감과 자긍심을 갖게 되어 실습에 대한 동기가 높아진다. 실습지도자와의 사전만남은 실습지도자와 실습생 간의 관계 형성에도 도움을 주어 실습생의 적응력도 높아질 수 있다(이경아 · 서홍란, 2011).

기관 오리엔테이션은 실습 시작 전에 실시하는 것이 가장 효과적이지만 기관에 따라 실습 전에 실시하기도 하고, 실습 첫 날 시행하기도 하며, 공식적 오리엔테이션이 아닌 사전에 개별적으로 방문하도록 하여 비공식적인 오리엔테이션으로 이루어지기도 한다. 최근에는 실습 전 오리엔테이션을 진행하는 기관이 증가하는 추세이며, 실습생에게 사전 학습할 과제를 주고 실습에 임하도록 하기도 한다.

4. 실습 전 학생 준비

1) 실습 전 학습

- 사회복지현장실습 기관에 대한 학습
  - 홈페이지, 실습기관의 주요 사업내용 등 확인 및 숙지
- 사회복지기록에 대한 학습
- 실습 전 제시하는 과제 하기 등

2) 실습생 유의사항

(1) 실습지에서 지켜야 할 예절

- 꾸지람을 잘 소화하여 긍정적 기회로 삼기
- 성의와 배려
- 거절할때는 정중히 거절하기
- 보고와 건의하는 방법 알기
- 사적인 관계와 공적인 관계를 구분하기
- 전화 예절 알기
- 휴대전화와 인터넷 예절 지키기

(2) 실습 초기의 불안 처리

모든 학생은 실습 기간 초기에 불안을 경험한다. 불안의 요인은 크게 개인적 불안감, 실습지도자에 대한 불안감, 클라이언트에 대한 불안감, 기관에 대한 불안감으로 구분할 수 있다. 초기에 많은 학생은 기대감이 불분명하기 때문에 불안이 생긴다. 공식화된 학습 계약은 이런 불안을 감소시키는 데 효과적이다. 실습지도자의 학생에 대한 기대감 만큼 실습과 실습지도자에 대한 학생의 기대는 계속적으로 수정되고 실습 경험을 통해 토의되어야 한다. 실습 초기에는 실습생에 대한 피드백을 매일 주는 것이 실습생의 불안을 경감시키며 실습에 적응하는 데 도움이 된다.

3) 실습 시 발생할 수 있는 위험 및 문제 대처

(1) 실습생의 지각 및 결석

성실성은 실습생이 지켜야 할 가장 중요한 태도이다. 부득이하게 지각이나 결석을 하게 될 때에는 기관의 실습지도자에게 반드시 연락을 드리고 결석으로 인한 업무 공백은 보충하도록 한다. 실습지도자에게 연락을 할 경우 문자나 SNS로 하는 학생이 있는데 이것은 실례가 되는 행동이다. 전화로 직접 통화를 하여 상황을 충분히 설명하도록 한다.

(2) 실습 내용

과다 업무나 부족한 업무는 실습생의 의욕과 동기를 저해하는 요인이다. 또한 실습 내용이 기관의 일손을 메우기 위한 보조 인력이나 자원봉사 수준의 업무만으로 진행되는 경우에도 실습만족도는 매우 저하된다.

실습지도의 부재로 실습생이 혼란에 빠지기도 하는데, 실습지도자의 업무과다나 실습에 대한 관심부족, 혹은 개인적 사정으로 인하여 실습생에 대한 수퍼비전이 불성실하게 이루어지는 상황이 발생하기도 한다. 이러한 실습 내용에 대한 어려움은 실습지도자와 논의하도록 한다. 이후에도 변화가 없다면 학교 실습지도교수에게 보고한다.

(3) 실습기관에서의 윤리적 딜레마 상황

실습생은 실습기관에서 이루어지는 사회복지실천 내용에서 가치 갈등을 경험할 수 있다. 예를 들어, 재가복지대상자인 클라이언트가 기관에서 보내준 후원물품을 이웃에게 매매하고 그 돈으로 술을 구입하여 마신다는 사실을 알게 되었을 때, 혹은 치매 증상이 있는 어머니를 돌보고 있는 클라이언트가 어머니가 혼자 외출하시는 것을 막기 위해 방문을 잠그고 출근하는 것을 알게 되었을 때 등이다. 실습생이 위와 같은 갈등 상황에 직면했을 때 사회복지실천윤리에 기반한 결정을 내릴 수 있어야 한다. 이를 위해 실습지도자와 실습지도교수의 적절한 수퍼비전이 필요하다. 단, 실습생은 본인의 위치와 역할을 기억하고 독단적인 결정과 행동을 해서는 안되며, 반드시 실습지도자에게 보고를 하고 수퍼비전이 주어지는 범위 내에서 문제를 해결하도록 해야한다.

실습기관과 실습지도자는 실습생에게 롤모델이 되는 현장이지만, 실습생이 기관과 실습지도자의 비윤리적인 행위를 목격하거나 발견할 수도 있다. 이때에는 실습지도교수에게 보고하고 이에 대한 대처방안을 지도 받는다.

(4) 실습생의 개인정보 노출 문제

클라이언트가 실습생의 학력이나 나이, 결혼 여부 등 개인적 정보에 대해 질문하는 경우가 있는데 그 이유는 다양하다. 실습생과 더 친밀해지고 싶어 개인적인 관심을 갖는 경우도 있고, 실습생이 과연 자신을 도울 수 있는 사람인지를 파악하기 위해 사적인 정보를 요구할 때도 있다. 실습생의 미숙함이나 경험 부족을 우려하고 있다면 클라이언트의 불안에 대해 충분히 공감하며 자신이 어떻게 노력할 것인지를 구체적으로 설명하는 것이 좋다. 만약 클라이언트가 실습생에 대해 사적인 친밀감을 요구한다면 실습생과 클라이언트 간의 관계는 전문적인 관계로 제한되어 있음을 알려준다. 기관에 따라 실습생의 연락처나 이메일의 공개 여부에 대한 지침이 다르므로 이에 대해 확인한 후 적절히 행동하도록 한다.

(5) 실습생 개인의 안전

사회복지서비스를 수행함에 있어서 무엇보다 우선시해야 하는 것은 사회복지사의 안전이다. 그러므로 실습기관은 실습생에 대하여 기관 내뿐만 아니라 기관 밖의 업무에서도 안전을 보장할 수 있어야 한다. 일부 기관에서는 운전이 미숙한 실습생에게 외출 시 운전을 맡기는 경우가 있는데, 이에 대한 점검이 필요하다. 가정 방문 시 실습생 두 명이 함께 한다거나, 난폭한 클라이언트의 행동에 대해 실습생 혼자만 감당하게 하지 않는다거나, 보안벨을 준비하여 유사시에 벨을 눌러 도움을 청할 수 있게 하는 등 기관은 정책적으로 안전보장지침을 마련해야 한다. 실습생은 실습 기간 동안 클라이언트의 안전, 본인의 안전에 대한 인식을 갖고, 이를 실천할 수 있는 방안을 배울 수 있도록 한다.

(6) 실습생 자신의 정서적 문제

실습생 중 일부는 실습에 적응하기 위해 지나치게 신경을 쓰거나 과도한 스트레스를 받는 경우가 있다. 또는 미해결된 개인적 문제나 정신적인 어려움으로 실습기관에서의 적응이 힘들 때도 있다. 이때에는 자신의 정서적 어려움에 대하여 전문상담을 받거나 실습담당교수에게 보고하여 적절한 도움을 받는다.

(7) 성희롱 문제

최근 직장이나 학교내 성희롱 문제에 대한 관심이 증가하고 있다. 특히 상사와 부하직원, 교수와 학생, 실습지도자나 직원과 실습생, 직원과 클라이언트 등 불평등한 관계를 이용한 성희롱이 문제되기 때문에 실습생은 직장 내 성희롱 대응절차에 대해 정확히 숙지할 필요가 있다. 실습생은 실습지도자를 비롯한 기관의 직원들, 클라이언트와 윤리적이고 전문적인 관계를 유지하며, 실습지도자도 윤리적 원칙을 반드시 지켜야 한다. 실습기관에서 성희롱 문제가 발생할 경우에는 이를 실습담당교수에게 즉시 보고하고 대처방안을 함께 모색하도록 한다.

(8) 실습기관의 변경

사회복지현장실습은 학교와 사회복지기관간의 계약으로 이루어지므로 실습기관 변경은 매우 드물게 발생한다. 그럼에도 불구하고 기관의 문제, 실습지도자의 문제, 실습생 개인의 문제 등으로 인하여 더 이상 해당기관에서 실습을 수행하기 어려울 경우가 있다. 이때 실습지도자나 실습생은 먼저 실습담당교수에게 이 상황을 보고해야 하며, 담당교수는 실습기관, 실습지도자, 해당 실습생 등과 조정을 위해 노력을 한 뒤, 개선이 어렵게 되면 기관에 충분히 양해를 구하고 해당 학생이 다른 실습기관에서 실습할 수 있도록 조치해야 한다.

5. 주요 절차 및 관련 서식

1) 주요 절차

- 학교에서의 실습 오리엔테이션 실시(사전교육)
- 학생별 실습기관 선정
- 학교에서의 실습기관에 대한 의뢰
- 실습기관의 실습 수락에 대한 회신
- 기관 실습 오리엔테이션 실시
- 학생의 실습 사전 학습 및 준비

2) 서식

- 〔교육기관 1〕 실습의뢰서
- 〔교육기관 2〕 실습신청서
- 〔교육기관 3〕 실습생 프로파일
- 〔실습기관 1〕 실습신청의뢰서
- 〔실습기관 2〕 실습지도계획서
- 〔실습기관 3〕 실습지도자 프로파일
- 〔실습기관 4〕 실습의뢰에 대한 회신
- 〔실습기관 9〕 실습기관등록증

Chapter 06

사회복지현장실습 진행 단계

1. 사회복지현장실습 진행

1) 초기 단계

실습의 초기단계는 기관에서의 관계 형성의 시기이고, 실습생에 대한 기본적인 교육이 이루어지며, 실습 기간 중 수행할 실습 내용에 따른 업무가 주어진다.

(1) 관계 형성

실습 초기 실습생에게 관계 형성은 주요한 과제이다. 실습생이 실습기관을 대하는 느낌은 이전의 자원봉사로 기관을 방문할 때와 과제 또는 기관 견학을 위해 방문할 때와는 매우 다르게 인식한다. 실습기관과 기관에 있는 직원들, 클라이언트, 동료 실습생 모두가 낯설게 느껴질 수 있으며, 조직생활을 해본 경험이 매우 적으므로 관계 형성이 어렵게 여겨지기도 한다.

우선 기관 사회복지사들과의 관계 형성이 중요하다. 기관장, 실습수퍼바이저뿐만 아니라 기관의 사회복지사들에게 예의 있고, 친근하게 다가가야 한다. 기관에 있는 다른 직무에 종사하는 직원들에게 대해서도 마찬가지이다. 둘째, 클라이언트와 관계를 형성하는 것이다. 실습생이라는 신분은 클라이언트를 만나는 기회가 제한될 수 있으나 클라이언트를 직접 대하게 되는 경우에는 학교에서 배운 실천이론을 기억하면서 전문적 관계 형성을 훈련해야 한다. 셋째, 동료 실습생과의 관계 형성이다. 실습생이 혼자인 경우도 있으나, 대부분 기관에서는 여러 명의 실습생을 각각 다른 학교에서 선발하여 다양한 학교의 실습생이 모일 수 있도록 하고 있다. 따라서 동료 실습생들과의 관계 형성은 사회복지 현장에 나가기 전 동료들과의 협력과 협의를 훈련할 수 있는 중요한 요소가 된다.

(2) 교육 내용

실습이 시작되면서 실습생에 대한 교육적 사정이 필요하다. 학생에 대한 사정은 목적이 있고 성공적인 실습지도를 위한 것이다. 따라서 실습지도자는 실습생이 제출한 개인적인 정보 외에도 개별 면담을 진행하면서 실습생의 전공과 관련된 이전 경험, 지식의 정도, 관심사, 학습동기 등을 조사하고 이를 바탕으로 실습지도자와 실습생은 실습 계약을 맺어야 한다. 초기 단계에서 실시해야 할 또 다른 주요 업무는 실습생의 교육에 관한 부분이다. 특히 실습 초기에 기본적으로 이루어져야 하는 교육으로는 기관의 행정적인 측면과 지역사회에 관한 내용이 강조되고 있다.

초기 단계의 실습지도는 다음과 같은 주요 내용을 포함할 수 있다.

- 실습생 개별 면담: 실습을 시작하고 되도록 빠른 시간 내에 실습지도자가 실습생을 사정하기 위해 개별 면담을 실시해야 한다.
- 실습 계약: 실습생과 실습지도자가 함께 실습계약서를 작성하는 단계이다.
- 부서별 교육: 부서별로 실시하는 기본 교육과 학생의 실습업무에 필요한 내용을 선택하여 학습하는 분야별 교육으로 구성된다. 기본 교육에는 각 부서별 사업에 대한 이해, 부서 · 팀 오리엔테이션, 실습생 자기소개 프로그램,

지역사회분석 등을 포함한다. 분야별 교육은 각 업무와 관련된 다양한 강의가 개설된다.

- 담당 실습업무 실시: 실습계획에 따라 실습생이 배정받은 실습업무를 실시하는 과정이다(태화기독교사회복지관, 2003).

2) 중기 단계

실습의 중기 단계에서 실습생은 실제적인 현장업무에 투입된다. 따라서 이 단계에서 실습지도자는 실습생의 담당 실습업무를 점검하고 수퍼비전과 교육을 통하여 학생의 전문적인 성장에 초점을 두게 된다. 이 단계에서는 실습의 중간 평가가 이루어진다. 중간 평가는 학생의 실천업무를 평가하기 위한 것으로 실습지도자는 이를 바탕으로 앞으로 남은 실습지도의 내용을 수정 · 보완할 수 있다.

(1) 실습 과제

실습생은 실습 기간 동안 다양한 실습 과제를 부여받게 된다. 이러한 실습과제는 실습의 질 뿐만 아니라 실습생의 학습경험을 극대화하는 데 중요한 부분이 될 수 있다. 실습생은 실습과제 수행 시 학교에서 습득한 지식과 기술을 종합적으로 활용할 수 있도록 해야 하며, 실습지도자는 실습생이 수행한 과제에 대해 수퍼비전을 주어야 한다.

실습과제는 집단 프로그램의 기획과 수행, 개인사례에 대한 지속적인 사회복지 상담, 인테이크(초기면접), 사례회의 또는 직원회의 참여, 가정 방문 또는 가족 및 집단치료 관찰, 종결사례에 대한 관찰, 연구조사에의 참여 등 기관이나 부서의 성격에 따라 다양하다. 사회복지기관이나 사회복지서비스를 제공하는 기관에서 사회복지사가 수행하는 어떠한 업무도 실습과제가 될 수 있다. 중요한 것은 제시되는 실습과제의 유형과 실습생의 욕구와 관심, 능력에 맞도록 업무배치가 이루어져야 한다는 것이며, 이를 통해 전문가로서의 자질과 능력을 갖출 수 있도록 충분한 교육과 훈련의 기회를 제공할 수 있어야 한다.

(2) 실습 일지

실습 일지는 실습지도계획서에 명시된 구체적인 일정에서 경험하는 것을 매일(매회) 기록하는 것이다.

실습 일지 작성의 목적은 네 가지로 요약할 수 있다.

- 자신의 활동에 대해 분석 · 평가하여 앞으로의 실습 내용을 보완한다.
- 실습목표 달성을 위해 해야 할 구체적 노력이 무엇인지 알 수 있다.
- 실습지도자가 실습 활동을 점검하고 시의적절한 수퍼비전을 주는 근거가 된다.
- 실습 내용뿐만 아니라 기관이나 사업에 대해 분석하고 평가하여 기관운영에도 간접적으로 기여할 수 있다(윤철수 · 김정진, 2010).

실습 일지는 '일정 및 진행내용', '실습생의 의견', '실습지도자 의견'으로 구성되어 있다. 일정 및 진행내용은 실습 일과에 대해 시계열적인 방법으로 간략하게 실습 내용과 함께 기록한다. 실습생 의견은 실습일과를 통해 배운 점에 대해 기록하는 것이며, 주관적인 감정 서술이나 일기 형태로 기록하지 않도록 주의한다. 또한 실습생의 의견은 실습지도자와 간접적인 의사소통체계나 학습도구로 활용할 수 있기 때문에 건의사항이나 의문점에 대하여 질문한다. 이에 대해 실습지도자는 '실습지도자 의견'을 통해 실습생의 질문이나 배운 점 등에 대해 간단한 답변을 기록한다(태화기독교사회복지관, 2003).

실습 일지 작성 시 유의해야할 점은 다음과 같다.

- 실습 일지는 공식문서이자 기록으로서 정확하고 객관적으로 작성해야 한다.
- 클라이언트의 이름은 반드시 익명으로 적어 공개되지 않도록 주의한다.
- 기관에서 사용하는 공식 기록 양식 및 용어를 우선적으로 사용한다.
- 실습생 소감 및 질문사항에서는 느낀 점을 자세히 적는다.
- 기관의 정해진 수퍼비전 방식을 따른다(오창순 외, 2014).

(3) 중간 평가

중간 평가는 실습의 중기 단계에서 실행해야 할 중요한 과업이다. 중간 평가는 부서별 또는 팀별로 실습의 중간 시점에 목표달성 정도, 배운 점, 실습지도자에 대한 건의 등을 발표하고 이에 대해 논의하는 시간을 가지는 평가방법이다. 중간 평가회를 통해 달성도가 낮은 목표를 점검하여 해결방안을 모색하고 적절하지 못한 목표를 수정 · 보완한다. 또한 실습지도자뿐만 아니라 해당팀 내 타 직원들도 참석하여 실습생을 지지 · 평가하는 시간을 가진다.

중간평가서에 기록해야 할 주요한 부분은 다음과 같다.

- 수행한 실습 내용 및 역할의 요약
- 실습을 통해 배운 점 및 실습목표 성취도에 대한 평가
  - 전문적 발달 측면, 행정적 측면, 지역사회 · 정책적 측면, 기본적 대인관계 기술 측면, 클라이언트 체계 개입 기술 측면
- 실습과정에서 어려웠던 점
- 남은 기간을 통하여 배워야 할 점 또는 배우고 싶은 점, 개선사항
- 실습지도자에게 바라는 점(태화기독교사회복지관, 2003)

3) 후기 단계

후기 단계에서는 실습 내용을 마무리하고 과제 제출과 함께 실습보고회가 이루어진다. 실습보고회는 실습 후기 단계에서 학생이 미래의 사회복지사로서 용기와 비전을 가질 수 있도록 지지하고 격려하는 차원의 의식을 경험하도록 하기 위하여 실시한다. 실습보고회는 실습생과 실습지도자는 물론 기관장 이하 사회복지사 등이 가능한 한 모두 참여하여 진행한다. 전체적인 준비는 실습생이 계획 · 준비하여 실행한다. 실습보고회는 실습생의 경과 보고, 실습생 개별 또는 팀 보고, 실습생 인사, 기관에 대한 제언과 건의, 기관의 총평, 기념촬영 및 다과회 등의 순서가 일반적이다.

2. 기관 실습지도

기관의 실습지도는 실습의 수행 전반에서 이루어지지만, 정기적인 실습지도회의 또는 실습지도시간을 통해 보다 집중적이고 종합적으로 진행된다. 이렇게 실습지도자와 정기적으로 만나 지도를 받는 공식적인 시간을 통해 실습생은 실습목표가 얼마나 달성되었는지를 지속적으로 점검하고 실습일정을 확인하게 된다. 실습생은 이 시간을 위한 준비를 철저히 하도록 하고, 적극적인 태도를 취해야 한다. 이를 위해 실습 기간 중 활동하는 모든 것을 문서화하여 기록하는 것이 도움이 된다. 즉, 일시, 장소, 주제, 내용, 과제, 피드백 등을 구체적으로 기록함으로써 학습목표의 달성 정도를 확인하고 평가가 가능하도록 한다. 실습지도자에게는 실습생의 태도와 자세를 지속적으로 점검할 수 있는 기회가 된다.

동료 실습생의 활동 내용과 기록, 과제를 함께 공유함으로써 발전을 서로 독려하기도 하며, 무엇보다 실습과정 중 발생하는 건의사항이나 필요한 정보에 대해서 제안할 수 있는 시간이기도 하다.

3. 학교 실습지도

실습지도는 일차적으로 해당 실습기관과 실습지도자를 통하여 이루어지고 있으나 사회복지현장실습교육의 책임은 기본적으로 학교에 있으므로, 학교에서는 실습전담교수가 배정되어 학교 차원의 실습지도를 병행해 나가게 된다. 실습지도교수의 역할은 실습기관의 선택과 학습경험에 대한 원조, 실습과정 중의 문제해결과정에 대한 원조, 실습생에 대한 최종 평가, 실습기관과 실습지도자에 대한 평가를 수행하는 것이다. 학교의 실습지도 방법은 실습세미나, 개별지도, 실습기관 방문 등의 형태로 이루어진다.

1) 실습세미나

실습세미나는 기관실습과 병행되는 학교의 정규교육과정으로서 집단지도 형태로 주 1회(3시간) 이상 실시되어야 한다. 학기 중 실습은 학교의 실습세미나가 같이 진행될 수 있어서 실습 진행에 따른 실습지도가 가능하지만 방학 중 실습은 방학 기간 중에 실습이 종료된 이후 다음 학기에 실습세미나가 수업으로 개설되는 형태로 이루어져 즉각적인 지도에는 현실적인 한계가 있다.

2) 개별지도

학교에서 이루어지는 실습지도는 실습세미나와 함께 실습지도교수의 개별지도를 포함한다. 실습이 시작되면서 각 실습생은 해당기관에 대한 기관보고서, 실습 일지, 과정기록, 프로그램 기획안과 평가, 종결평가서 등을 과제물로 제출하고 그 내용을 발표하게 되는데, 실습지도교수는 이러한 과제물에 대한 개별적인 점검 및 내용에 대한 지도를 제공하며, 실습지도자와 의사소통하고 실습의 최종 평가에서 이를 활용한다. 또한 정규적인 실습세미나와 과제물 점검을 통한 개별지도 감독 외에도 실습과정 중에 문제가 발생했을 때 실습생은 언제든지 실습지도 교수와의 면담을 요청할 수 있으며 이를 통하여 문제를 해결하기 위한 노력을 함께 수행하도록 한다.

3) 실습기관 방문 및 실습지도자 간담회

실습지도교수는 실습기관을 방문하여 학생이 실습하고 있는 현장을 점검하고, 실습지도자와 논의하는 기회를 갖는다. 실습세미나와 개별지도 등은 모두 학생의 자기보고에 의해, 학생이 작성한 실습관련 서류를 가지고 이루어지기 때문에 실제 실습기관을 찾아가 보고, 현장의 진행상황을 눈으로 점검하는 것은 객관적인 판단을 내리는 데 도움이 된다. 또한 실습지도자와 간담회를 기관 내 또는 외부에서 가짐으로써 기관에서의 실습지도의 현황, 한계점과 개선점 등을 공유할 수 있어서 보다 발전적인 실습교육으로 보완할 수 있게 한다.

4. 주요 절차 및 관련 서식

1) 주요 절차

- 기관 실습지도 진행
- 학교 실습지도 진행
- 학교의 실습기관 방문
- 실습 중간 평가
- 실습 종결에 대한 준비

2) 서식

- [실습기관 5] 실습생 출근부
- [실습기관 6] 실습지도 기록서
- [실습생 1] 실습생서약서
- [실습생 2] 실습계약서
- [실습생 3] 실습 일지
- [실습생 4] 실습기관 분석보고서
- [실습생 5] 사례관리 계획서
- [실습생 6] 사례관리 진행일지
- [실습생 7] 사례관리 종결기록서
- [실습생 8] 집단지도 계획서(소집단용)
- [실습생 9] 집단과정 일지(소집단용)
- [실습생 10] 집단의 개별회원 분석표(소집단용)
- [실습생 11] 집단 종결기록서(소집단용)
- [실습생 12] 프로그램 계획서(대집단 및 지역사회복지)
- [실습생 13] 프로그램 평가서(대집단 및 지역사회복지)
- [실습생 14] 사회복지정책 분석보고서(정책개발 및 평가)
- [실습생 15] 사회행동 · 옹호활동 보고서(사회행동)
- [실습생 16] 홍보기획서
- [실습생 17] 개별면접 일지
- [실습생 18] 가족상담 기록서
- [실습생 19] 사회조사 계획서
- [실습생 20] 사회조사 진행일지
- [실습생 21] 사회조사 분석평가서
- [실습생 22] 기관방문분석보고서

- [실습생 23] 지역탐방보고서
- [실습생 24] 실습중간평가서

Chapter 07 사회복지현장실습 종결 및 평가 단계

1. 사회복지현장실습 종결

실습의 종결 시기는 실습 시작과 함께 이미 정해져 있으므로 종결 시기가 다가옴에 따라 종결에 대한 준비를 해야 한다. 특히 관계의 종결이 주요한 업무가 된다.

1) 관계의 종결

(1) 클라이언트와의 종결

종결에 대해 클라이언트가 보이는 반응은 이들이 자신의 생활에서 보이는 이별시의 반응을 반영한다. 실습생이 종결에 대해 양가적이며 복잡한 감정을 갖는 것처럼 클라이언트도 마찬가지이다. 성취감과 더 이상 이 일에 관여하지 않아도 된다는 안도감뿐만 아니라 아쉬움과 슬픔의 감정도 경험할 수 있다. 실습생은 클라이언트가 종결에 대해 보이는 긍정적 감정과 부정적 감정 모두를 다루어 줄 준비가 되어 있어야 한다.

실습교육 전문가는 실습생의 실습종결과 클라이언트와의 종결을 다루는 이중

의 종결과제를 안게 되므로 이를 대처하기 위해 다음과 같은 조언을 한다.

- 클라이언트와의 관계의 초기부터 실습생임을 밝히고 기관에 일정 기간 동안만 있게 될 것임을 알려준다.
- 실습생이 상실과 이별에 대한 실습생 자신의 감정에 주의를 기울일 수 있다면, 클라이언트가 이에 대해 갖는 정서적 반응에 대해서도 자유롭게 이야기하고 이를 경청할 수 있게 될 것이다.
- 아동의 경우 관계의 상실에 대해 적응하기 위해서는 더 많은 시간이 필요하다. 아동이 종결에 대해 이해하고 있는 정도와 이에 대한 대처기술을 고려해야 하고, 이에 대한 지지가 필요하다. 곧 떠난다는 식의 말보다는 달력에 날짜를 표시하는 식의 구체적인 방법이 더 효과적이다.
- 계획했던 목표가 이루어지기 전에 실습이 종료되는 경우 성취감을 갖기가 어려워 실습생이 좌절감을 표현하기도 한다. 실습생이 기울인 노력과 그 동안 이룬 작은 성취에 의의를 갖도록 하는 것이 필요하다.
- 클라이언트와 종결을 다루기 전에 실습지도 시간 혹은 실습세미나 시간에 클라이언트와의 실제 종결과정에 대한 리허설을 해보는 것도 큰 도움이 된다(서진환, 2001).

(2) 실습지도자, 직원, 다른 실습생과의 종결

실습생과 실습지도자는 양자 모두 실습의 종결에 대해 양가감정을 갖게 된다. 실습을 무사히 마치고 학습과 교육관계를 성공적으로 이루어냈다는 안도감과 각자의 생활에서 중요했던 관계가 끝나게 되어 이로 인한 상실감을 경험하게 된다.

실습생이 실습 후에 해당 기관에서 임시직을 맡게 되거나 자원봉사를 하게 되어 관계의 종결이 사실상 연기되기도 하며, 실습지도자와 실습생이 개인적인 친분관계를 지속적으로 유지하여 관계의 종결을 피하기도 한다. 이 경우에는 관계

유지를 지속하는 이유를 탐색해 볼 필요는 있다.

이와 반대로 실습생의 실습수행에 대한 평가가 긍정적으로 이루어져 실습은 무사히 마치고, 학점을 이수하게 되었으나, 실습지도자와 실습생의 관계가 갈등 상황에 있고 만족스럽지 않은 상태로 실습이 종결될 수도 있다. 실습지도자와 실습생은 이러한 결과에 대해서 각각 죄책감과 함께 불만을 가질 수 있다. 실습지도자는 실습경험에 대한 감정과 이별, 종결에 대한 감정을 모두 표현할 충분한 기회를 주어야 한다. 실습지도자가 종결감정을 처리하면서 보여주는 적절한 행동은 이후 실습생이 자신의 클라이언트와의 관계에 대한 종결을 하는 데에 필요한 기술을 제시할 기회를 제공함으로써 중요한 모델링 역할을 하기 때문이다.

실습기관 동안 맺었던 관계는 사회복지학을 전공하면서 겪는 가장 의미있는 경험이 될 수도 있으며, 장래의 인적 네트워크를 구성하는 기회가 되기도 한다. 또한 사회복지실습 이력은 이후 사회복지 분야에서 일하게 될 때 중요한 고려사항으로 평가되기 때문에 실습이력 관리는 학생입장에서 특히 중요하다.

종결시기가 다가오면서 제대로 인사를 못했다는 느낌을 가지면서 후회하기보다는 실습기관에서 특별히 라포를 형성했던 실습지도자, 직원 혹은 다른 실습생들에게 어떻게 감사의 인사를 전할 것인지를 미리 생각하고, 이들에게 자신의 마음을 전하는 것은 의미있는 관계를 만족스럽게 종결하는 데 중요하다.

실습기관에서는 간단한 다과회를 열어 사회복지사로서 성장하는 데 중요한 과업을 완수한 실습생을 축하하기도 하고, 그동안의 수고에 대한 격려를 하기도 하면서 이별을 공식화한다.

2) 종결 과제

(1) 실습과제의 마무리

실습생의 실습과정은 종결되더라도 실습생이 만나던 클라이언트에 대한 개입은 진행 중이고, 담당하던 프로그램은 계속되어야 하는 경우가 있다. 실습생이 수행해왔던 업무 상황을 점검해보고, 계속적인 서비스가 필요한 클라이언트에 대한 의뢰, 종결해야 할 클라이언트에 대한 종결 보고 등을 해야 한다. 또한 진행 중이던 프로젝트, 회기가 남은 집단 프로그램 등 업무의 연결이 필요한 부분 혹은 마무리해야 할 부분 등을 각각의 상항에 적절하게 처리한다.

(2) 실습경험의 검토

① 긍정적 · 부정적 경험에 대한 회상

실습생이 성취감을 느꼈던 만족스럽고 즐거웠던 활동과 상호작용을 돌이켜보고 좌절감과 긴장을 주었던 경험을 회상해 본다.

② 습득한 학습경험에 대한 검토

사회복지실습을 마치면서 사회복지사가 되기 위한 중요한 관문을 통과했다는 성취감을 경험할 수 있다. 실제 사회복지 현장을 보고, 배웠고, 실천해보았다는 경험으로, 사회복지 지식이 증가하고, 효과적인 실천기술이 향상되고, 개인적 혹은 전문적 가치를 확인하고 명료화하여 자신감을 갖게 될 수 있다. 따라서 습득한 지식과 기술, 가치를 실습 이전과 구체적으로 비교함으로써 성취한 학습을 평가한다. 종결평가서를 작성하여 실습기관과 실습세미나에서 발표하는 기회를 갖는것도 큰 도움이 된다.

③ 전문가로서의 발전을 위한 검토

실습경험을 통하여 자신의 인생에 대한 개인적·전문가적 의미를 되새길 수 있다. 자신이 왜 사회복지사가 되려고 하는지, 사회복지직이 나에게 맞는지, 사회복지사로서의 나의 강점과 약점은 무엇인지 등 자신의 장래와 관련된 의문에 확신 또는 이에 더 가까이 접근하는 계기가 된다.

(3) 종결의 공식화

실습지도자는 실습 기간 동안의 경험에 대한 검토와 감정의 처리뿐만 아니라 다른 직원과의 회의나 모임 중에 기관에 종료일을 발표함으로써 실습의 종료를 공식화 한다. 직원과의 식사나 간단한 다과회를 준비하고, 이러한 기회를 통하여 실습생은 기관 내에서 중요한 존재였다는 느낌을 받게 된다. 이러한 모임이 실습의 긍정적인 경험만 강조하고 피상적인 수준에 머무르지 않도록 실습과정에 대한 진지한 검토 과정이 선행되어야 할 것이다(서진환, 2001).

2. 사회복지현상실습 평가

실습의 평가는 실습지도자와 실습생 모두에게 심적 부담감을 준다. 실습지도자는 실습생의 수행에 대한 적절한 평가기준을 설정하여 공식적인 평가양식을 작성해야한다는 부담감을 느낀다. 뿐만 아니라, 함께 일해온 실습생을 평가해야 한다는 불편감, 어느 정도로 실습생 평가과정에 관여해야 하는지에 대한 고민을 하게 된다.

실습생의 입장에서도 학점이나 졸업과 연결되어 있어 불안요소의 하나가 된다. 그러나 체계적이고 구조화된 상호과정으로서의 실습 평가는 실습과제 수행의 양과 질에 대한 평가뿐 아니라 학습과정의 점검을 통하여 앞으로 더 발전시킬 영역을 발견하는 중요한 기회가 되므로 실습의 목적을 달성하는 데 중요한 역할을 한다.

1) 실습 평가의 목적

- 실습생과 실습지도자가 실습을 통하여 무엇을 배웠는지, 현재 어디에 와있는지, 학습과정에 영향을 준 요소는 무엇인지 등을 점검하고 평가하는 데 있다.
- 실습생과 실습지도자가 이제까지의 학습과정을 점검한 후 앞으로 필요한 기술과 학습욕구가 무엇인지 개념화하는 데 있다.
- 평가의 결과로 제시되는 문서를 통하여 기관, 학교, 실습생 사이의 책임성에 대한 형식을 제공하고, 영구적인 실습생 기록을 제공하는 데 있다.

2) 실습 평가의 방법

(1) 실습 평가를 위한 준비

평가의 준비는 실습지에 배치되면서 이미 시작된다. 실습지도자와 실습지도교수는 학생에게 평가에 대한 간략한 설명과 방법을 교육하여 평가과정을 처음부터 학습의 일부로 여기고 필수적인 과정으로 받아들이도록 해야 한다.

대부분의 실습지도자는 평가를 준비하면서 평가하기 전 약 1주일 정도를 평가에 대해 준비할 시간을 주는데, 너무 많은 시간을 주어도 불안이 더 심해지므로 바람직하지 않다. 평가준비를 위해 집단모임을 하기도 하고, 평가보고회를 실시하는 경우 준비해야 할 내용을 설명하는 시간을 갖기도 한다.

(2) 실습평가회

실습평가회는 실습생의 업무와 학습의 평가에 초점을 둔다. 평가회의 성공은 실습지도자와 실습생 간의 진지하고 유연한 토론에 좌우된다.

실습생은 실습평가회에서 발표할 실습평가서를 기관의 서식에 따라 작성하고 이를 보고서 형태로 발표하기도 한다.

(3) 실습평가서 작성하기

실습생이 작성하는 실습평가서는 다음의 내용들을 포함한다. 먼저 실습일정, 실습 내용 및 역할, 실습목표, 서비스 실천과정, 정책 및 행정실습에 대한 평가, 실습생의 자원활용에 대한 평가 등이다. 또한 실습에 임하는 자세, 전문적 태도, 실습지도 활용정도, 기관이해도에 대한 스스로의 평가를 작성한다.

마지막으로 실습 기간 중 가장 유익했던 내용, 가장 안좋았던 내용, 실습기관과 지도자 및 대학에 대한 건의사항, 기타 제안사항 등을 기록하도록 한다.

3. 실습 학점 관리 및 실습자료 보관

1) 실습생에 대한 실습평가서 작성 및 학교 발송

실습지도자는 실습생에 대한 실습평가서를 작성하여 실습 종료 후 학교로 발송하게 된다. 평가서에 기재하는 내용은 출석상황과 함께 한국사회복지사협회에서 제시하는 표준서식에 의거하여 총 60개 항목에 대한 평가 내용, 실습생의 실천가로서의 장점 및 단점, 대학에 대한 건의사항, 최종 평점 등이다. 최종평점은

5점 만점에 평균평점을 산출하게 되며, 이 점수는 실습생의 '사회복지현장실습' 교과목의 학점에 반영되하록 하고 있다. 또한 실습생이 졸업 후 신청하게 되는 사회복지사 자격증 취득 시 제출해야 하는 '사회복지현장실습확인서' 또한 중요한 행정서류이므로 평가서와 함께 학교에 보내도록 한다.

2) 실습 학점 관리

실습기관에서의 평가내용은 지도교수의 최종평가에 따라 사회복지현장실습 교과목의 학점으로 인정받는 데 반영된다. 대학에 따라서 기관점수의 반영비율은 20~80%에 이르기까지 다양하다.

사회복지교과목 지침서에서는 실습시간 120시간과 실습세미나 수업 3학점을 이수하여 사회복지현장실습 학점을 부여하도록 하고 있다. 또한 많은 대학이 사회복지현장실습을 2회 이상 권고하고 있고, 실습시간의 확대에 대한 학계와 현장의 요구가 높아지고 있어 실습 학점에 대한 기준은 더욱 강화될 것으로 전망된다.

3) 실습자료 보관

실습자료는 대학과 실습기관 간의 공문, 평가서, 실습생의 실습 일지를 포함한 실습자료 바인더 등 다양한 자료가 있다. 실습기관에서는 기관의 규정에 따라 실습생의 실습 일지를 제본하여 보관하는 경우가 많다. 따라서 실습생은 실습이 종료된 이후 빠른 시일 내에 실습 일지, 실습시 작성한 각종 보고서, 실습교육 자료 등을 모아서 하나의 보고서로 제본하도록 한다. 이때 3부를 제본하여 1부는 실습기관에 제출하고, 1부는 학과에 제출하도록 하고, 1부는 실습생 본인이 보관하는 것이 바람직하다.

4. 실습기관과 학교의 실습교육에 대한 평가

이전까지의 평가내용은 모두 실습생에 대한 평가를 의미한다. 그러나 실습생이 실습기관과 학교에서 제공한 실습교육을 평가하게 될 때, 실습과정에 영향을 준 요소를 발견하고 발전시킬 수 있는 중요한 정보를 얻을 수 있다. 실습생은 자신의 실습과제 수행 정도와 실습을 통해 이루어진 자기성장과 발전 정도를 스스로 평가하고 이에 긍정적 · 부정적으로 영향을 준 요소들을 기관 및 학교에서 제시한 실습 내용에서 찾아보고 이에 대한 피드백을 기관과 학교에 줄 수 있다.

학교에서는 실습교육을 위해 실습배정 과정에서 실습 종료까지 실습의 원활한 진행을 돕고, 실습생의 학습경험을 극대화하기 위한 역할들을 수행하고 있다. 실습생과 실습기관이 학교의 역할을 평가하고 이를 보고하여 다음 실습교육 계획에 도움을 줄 수 있는 정보를 제공한다.

필요에 따라서는 실습기관에 학교 실습교육 만족도 조사를 실시하여 그 결과를 공식적 · 객관적으로 분석하여 반영하기도 한다.

5. 주요 절차 및 관련 서식

1) 주요 절차

- 실습평가회, 실습보고회
- 실습 종결
- (실습생에 대한)실습평가서의 작성과 발송
- 실습보고서 제본 및 제출
- 기관 실습지도 평가

- 학교 실습지도 평가
- 학교 실습 학점 부여

2) 서식

- [실습기관 7] 실습평가서(교육기관 발송용)
- [실습기관 8] 사회복지현장실습 교육 수료증
- [실습생 25] 실습평가서
- [실습생 26] 사회복지현장실습확인서
- [실습생 27] 실습종결보고서
- [실습생 28] 실습지도자 평가척도
- [실습생 29] 실습지도 평가척도

제3부 사회복지현장실습 교육내용

Chapter 08

사회복지기관 및 지역사회

1. 사회복지기관 분석

실습생은 사회복지실습과정 초기에 실습기관 분석보고서를 작성한다. 실습생은 실습기관 분석보고서를 통해 기관에 대한 이해와 비전, 미션에 대한 충분한 탐색을 해야 하며, 보고서에는 기관의 역사, 목적, 설립이념, 주요사업과 프로그램, 운영과 행정, 지역사회연계 등을 포함한다. 실습생은 보고서 작성을 통해 실습기관에 대한 지식과 정보를 얻고 실습현장에 대한 적극적인 이해를 할 수 있다.

실습생은 실습 시작 전에 기관선정 단계에서 수집했던 다양한 정보와 기관에서 제시하는 자료를 토대로 기관 분석보고서를 작성한다. 이 경우 기관의 홈페이지, 홍보물, 기관의 연간보고서, 프로그램 안내지, 기관에서 발행하는 각종 보고서 등을 자료로 활용할 수 있다. 특히, 기관이 대·내외적으로 보급하는 홍보물, 보고서, 안내지 등은 기관의 목적과 사업 방향을 이해하는 데 도움을 준다. 실습생은 기관 분석보고서를 작성함으로써 실습기관에 대한 이해와 조직운영, 향후 실습방향에 대한 준비를 해야 한다.

실습기관 분석보고서에는 기관의 역사, 기관의 목적, 주요 사업 및 프로그램, 기관 운영과 행정, 지역사회 특성, 지역사회 네트워크 등을 작성한다. 기관의 역사에는 기관의 설립동기 및 설립목적, 미션과 비전, 기관 사업의 역사적 변천, 기관 역사에 대한 실습생의 평가를 하게 된다. 주요사업의 경우 클라이언트 및 대상 지역 분석, 주요사업의 특징, 서비스 전달체계, 기관의 대상층 및 주요사업에 대한 실습생의 평가로 구성된다. 기관의 행정사항에서는 기관의 조직구조, 예산, 후원 및 지원 사항, 인력과 자원봉사 등을 분석한다. 기관이 속한 지역사회, 물리적 환경의 특징에서는 지역사회 현황과 자원 및 시설환경을 제시한다(한국사회복지사협회, 2015).

실습기관 분석보고서에 포함해야 할 핵심요소는 아래와 같다.

1) 기관 미션과 비전

기관 미션은 조직에서 기획을 할 때 가장 먼저 세우는 것이다. 이와 함께 목표는 성과의 방향이며 조직의 준거에 평가를 하고 그 결과를 도출하게 된다. 사명과 비전의 설정은 조직의 존재 이유를 명문화하고 조직의 핵심 가치를 공유하며 조직사업 수행을 위한 기본방향을 설정한다. 사명은 조직의 근본적인 존재 이유, 조직이 나아가야 할 방향을 제시하고 조직구성원에게 동기를 부여하는 것이다. 비전은 조직의 핵심가치와 사명을 미래로 전망하는 내용이다.

2) 인력 구성

인적자원관리는 조직의 인력에 대한 개인 · 조직 수준의 관리를 의미한다. 따라서 영역도 매우 광범위하다. 크게 조직 및 직무(업무) 성과관리, 인적자원개발관리로 구분할 수 있다(Weinbach, 2008). 먼저 조직 및 직무(업무) 성과관리는 직무분석, 직무설계, 직원성과평가를 하는 것이다. 여기에서 직무분석은 직무 혹은 서비스의 생산에 필요한 과업을 분석하는 과정이다. 직무설계는 과업을 특정 단위나 개인에게 할당하는 과정으로 직무분석에 기초하여 수행한다. 특히, 직무

설계의 기능은 조직에서 직원 확보를 위한 판단 자료로 활용하고, 직원의 과업 수행과 조직의 목표 사이의 관련성을 모니터하는 도구로 이용하며, 직원의 훈련과 인력개발의 근거자료로 활용한다. 또한, 직원의 직무성과와 임금수준의 형평성을 확인하는 도구로 이용하고, 직무 명료화로 인한 역할분담과 책임소재의 명문화 기능을 포함한다. 직무관리에 의한 성과관리는 직무성과의 평가를 설계 및 실행하는 과정이다. 둘째, 인적자원개발 관리에는 직원훈련, 직원개발, 직원 경력관리 등을 구성한다. 직원의 훈련은(training) 직원이 직무와 관련된 지식 · 기술 등을 배울 수 있도록 하는 조직의 계획된 노력이다. 직원개발(Development)은 직원이 조직 내에서 존재하는 다양한 직무에 대응할 수 있도록 준비하고 활동하는 데 지원하는 관리 방법으로 훈련과 교육, 현재 업무의 확대, 순환업무 등을 포함한다. 경력개발은 직원이 직무수행과정에 필요한 적절한 과업과 활동을 갖도록 하고 전반적인 직무능력을 향상시킬 수 있도록 지원해주는 관리방법이다.

3) 예산과 재정

재정관리의 개념은 사회복지조직에서 재정자원을 동원하고 재정자원에 대한 계획을 수립 · 집행 · 평가하여 효율적이고 효과적인 재정자원을 관리하는 조직활동을 의미한다. 여기에서 사회복지재정의 개념은 공공적인 성격을 갖는 국가재정 및 민간분야로부터 사회복지조직에 들어오는 다양한 재원을 말한다.

사회복지재정을 유형별로 보면 다음과 같다.

- 정부보조금: 정부로부터 직접 받거나 계약의 형태로 받는 보조금
- 기부금: 재단지원금, 협찬후원금, 직접적인 개별 기부, 종교기관의 기부 등에서 지원받는 재정
- 이용료 수입: 서비스 요금, 대여, 상품판매, 바우처 등의 수익사업에서 남는 재정

그 외 기타 수입은 기타 특별행사나, 기증, 투자 등에서 발생한다.

사회복지조직이 비영리조직이기 때문에 재정 역시 비영리성을 가진다. 또한 재정은 사회복지조직에서 재정 동원에 대한 국가에 의한 통제, 재정에 대한 정책 결정과정 참여 제한 등의 특성을 가진다. 사회복지재정의 구성은 국가 재정과 민간 재정으로 나눌 수 있다. 공공 사회복지재정은 공공 사회복지 전달체계에 해당하는 재정(기초생활보장, 사회보험, 사회복지서비스 등)이며, 민간 사회복지재정은 민간 사회복지조직에 해당하는 재정(보조금, 민간재단지원, 이용료 등)이다.

예산은 조직의 전략과 과제를 수행하기 위해 필요한 재정을 기획하는 것으로, 세입과 세출로 나누어 기획 · 수행한다. 예산을 기획하는 유형에는 품목별 예산, 성과주의 예산, 영기준 예산이 있다(황성철, 정무성, 강철희, 최재성, 2010).

2. 지역사회 조사분석

1) 지역사회조사의 배경과 목적

최근 지역사회의 변화와 지역복지의 중요성이 대두되면서, 지역진단 및 욕구분석에 근거한 지역사회복지계획의 발전이 강조되고 있다. 따라서 조사를 통한 지역사회복지에서 조사의 의무화 · 과학화가 필요한 시점이다. 일반적으로 지역에서 욕구조사를 할 경우 그 목적은 다음과 같다(서인해, 2002). 지역사회조사는 지역사회 구성원의 참여와 협력을 기반으로 지역사회문제를 확인 · 사정하여 문제를 발굴하고 그 문제를 이슈화하여 지역사회 운동을 토대로 정책 · 법 · 제도에 영향을 미쳐서 지역사회의 변화를 가져오게 하고자 하는 목적을 가진다. 결국 지역사회복지조사는 지역에서 "무엇을 어떻게 조사하였는가?"와 그 조사로 지역에서 "무엇이 어떻게 변화되었는가?"의 질문과 관련된 목적을 가지고 있다.

아래의 내용은 지역사회조사의 구체적인 목적이다.

- 자원할당
- 프로그램 계획 및 개발
- 서비스 전달구조 및 체계
- 기금모금
- 입법
- 지역사회 욕구자료 관리
- 지역사회교육

2) 지역사회조사의 개념과 내용

지역사회복지조사는 지역사회에서 다양한 정보를 과학적으로 확인·분석하는 방법이다. 지역사회복지의 측면에서 지역사회조사는 지역사회의 다양한 정보 중 주로 복지와 관련된 문제나 욕구 등을 조사하는 방법을 의미한다. 지역사회복지조사의 개념과 관련하여 중요하게 인식해야 할 내용은 정보와 과학적 방법이다.

지역사회 정보는 그것을 어떻게 보는지에 따라 다양하게 구분할 수 있다.

- 일반: 지역사회 실태, 욕구 및 문제, 자원
- 특성별: 인적정보와 물적정보
- 분야별: 인구, 정치, 경제, 사회, 복지, 문화예술, 체육, 보건의료 등
- 대상별: 아동, 청소년, 노인, 여성, 장애인, 가족, 저소득층 등
- 정보원별: 온라인 정보와 오프라인 정보

위와 같이 지역사회 정보는 많은 차원을 포함하고 있다.

다음은 지역사회정보를 파악할 때 고려해야 할 사항이다.

- 지역사회정보의 일반적인 측면에서 정보의 다양성, 통합성, 실용성 등을 고려하여 지역사회 조사를 실시해야 한다.
- 지역사회복지와 관련하여 지역사회 문제나 욕구의 반영성, 정보의 비교와 조정을 통한 의견 수렴, 과학적 설계에 의한 조사의 신뢰성과 타당성, 정보의 소외성, 정보에 대한 권리 등을 감안하여 조사해야 한다.

3) 지역사회조사의 원칙과 방향

지역사회조사는 지역사회의 문제나 욕구를 정확히 파악하여 지역사회의 문제해결과 욕구 충족을 위한 서비스 및 프로그램 개발의 기초적인 자료를 제공해준다. 이를 위해 사회복지조사는 체계적·객관적인 과정을 통한 과학적인 방법의 적용이 필요하다. 여기서 말하는 '과학적 방법(Scientific Methodology)'에는 문제의식, 전제조건, 객관적 근거, 변증법적(논리적) 일관성, 체계적 과정, 시행착오와 검증, 과학적 상상력, 비판적 대안, 윤리적 고려 등의 원칙이다(강병로, 2008).

① 문제 의식

자신이 살고 있는 사회나 지역 사회의 특성 및 상황을 고려한 문제 의식을 말한다. 문제 의식은 조사 전반의 진행과 결과에 있어서 하나의 맥락을 형성하는 기준이 된다.

② 전제조건

조사설계를 할 경우 고려해야 할 사항으로 '왜, 언제, 어디서, 누구를/누구의 욕구나 문제를, 어떻게 조사하고, 조사 결과에 대한 함의와 조사의 한계' 등을 기획과정에서 점검·계획하는 것을 말한다.

③ 객관적 근거

과학적 방법은 주관적 요소를 통제하고 객관적 사실에 입각하여 현상이나 문제를 설명한다. 따라서 사회복지조사는 지역사회에서 주민들의 문제나 욕구에 대한 조사 및 객관적인 근거를 토대로 이를 설명해야 한다.

④ 변증법적(논리적) 일관성

사회복지조사를 진행함에 있어 최초의 문제의식이나 목적 및 목표에 맞게 전 과정을 일관되게 진행하였는지를 고려할 필요가 있다.

⑤ 체계적 과정

과학적 방법은 하나의 체계적인 과정이다. 이것은 조사를 함에 있어 체계적인 과정, 즉 각 단계가 있고 그 단계별로 조사를 하는 것을 의미한다.

⑥ 시행착오와 검증

과학은 수많은 시행착오를 통한 조사 속에서 하나의 진리를 결과로 도출한다. 사회복지조사를 함에 있어 나타날 수 있는 문제점(예를 들어, 조사의 내적 타당도를 저해하는 요인 등)과 그 문제에 대해 통제하고 결과를 검증하는 것을 반복하여 보다 타당한 결과를 도출해야 한다.

⑦ 과학적 상상력

사회복지조사는 '잘 모르는' 또는 '나타나지 않는' 클라이언트의 문제나 욕구를 파악하는 것이다. 따라서 조사 주제의 선정과 조사 내용을 구체화하고 결과를 도출하는 과정에서 상상력이 필요하다. 하지만 단순히 주관적인 느낌이나 직관에 의한 상상력보다는 경험과 이론 및 사실과 관련된 과학적 상상력이 필요하다.

⑧ 비판적 대안

조사는 조사결과만을 도출하고 끝나는 것이 아니다. 지역주민의 문제해결과 욕구충족을 위해 실시하는 사회복지조사는 조사로 나타난 결과를 통하여 보다 타당한 서비스나 프로그램 등에 대한 방안과 한계를 고려한 비판적 대안을 제시할 수 있어야 한다.

⑨ 윤리(Ethic)- 자기결정

사회복지조사의 대상은 사람이며 그 문제나 욕구 또한 민감하기 때문에 다른 조사보다 더 윤리적인 기준이 필요하다. 이 기준에는 조사참여와 활용에 대한 자기결정의 원칙과 조사결과에 대한 비밀보장을 포함해야 한다.

지역사회복지조사에서 과학적인 방법을 사용하여 조사를 한다는 의미는 지역사회 문제와 욕구를 정확히 파악하고, 사업기획의 아이디어와 근거, 조사와 조사결과에 대한 지역사회 인정, 그 조사로 인한 지역사회 파급효과(특히 주민들에게 미칠 긍정적 또는 부정적인 영향)의 여부까지 예상 · 고려한다는 점을 의미한다. 지역사회복지조사를 과학적으로 수행한다면 그 조사 결과는 사업기획을 위한 중요한 정보를 제공해준다. 지역사회복지에서 사업기획의 과정을 사업기획 - 사업수행 - 사업평가 - 사업재기획이라고 한다면 지역사회복지조사는 이 사업기획의 단계에서 기획에 대한 과학적인 정보를 제공하기 위해 가장 먼저 실시하는 출발 및 기준사업이 된다. 쉽게 말하면, 지역조사에서 우선순위를 결정하여(가장 심각하거나 필요하다고 하는 사업) 선택한 주제와 그와 관련된 사업을 실시하기 위해 계획을 세우는 과정을 사업기획이라고 할 수 있다. 또한 선정된 우선순위에 의해 구체적인 목표에 따라 사업을 진행하고, 그 성과를 평가하여 다음 사업을 기획하는 등의 일련의 총체적인 과정에서 지역사회조사는 사업기획, 사업수행, 사업평가의 기준이 된다.

4) 지역사회조사의 모델

지역사회조사는 지역사회의 복지와 관련된 다양한 문제와 욕구를 체계적 · 객관적으로 파악하는 방법이다. 따라서 광범위한 지역사회의 복지 문제와 욕구에 대한 개념정의와 그것을 다차원적이고 통합적으로 정의하는 것이 요구된다. 여기에서는 지역사회의 문제 및 욕구를 포괄적으로 파악할 수 있는 조사모델을 소개하고자 한다. 이런 모델은 단일한 차원으로 조사를 하는 문제의 대안에서 출발한 것으로 수렴적 욕구조사모델(Convergent Needs Assessment)이라고 한다(서인해 · 공계순, 2004: 60-61에서 재인용). 수렴적 욕구조사모델 중 조사를 체계적 · 객관적으로 할 수 있도록 제시해주는 할로우와 터너(Harlow & Turner, 1993)의 욕구조사 피라미드 모형이 적용 가능하다.

이 모델은 총 4단계로 조사를 하며 각 단계는 용이한 조사에서 핵심적 조사로의 전개를 중심으로 한다. 이 모델은 조사과정에 있어서 다양한 정보를 다양한 시기에 함께 투입하는 수렴성, 조사에 필요한 비용을 절약하는 효율성, 조사자료의 접근성을 토대로 구성되어 있다는 특징을 가진다.

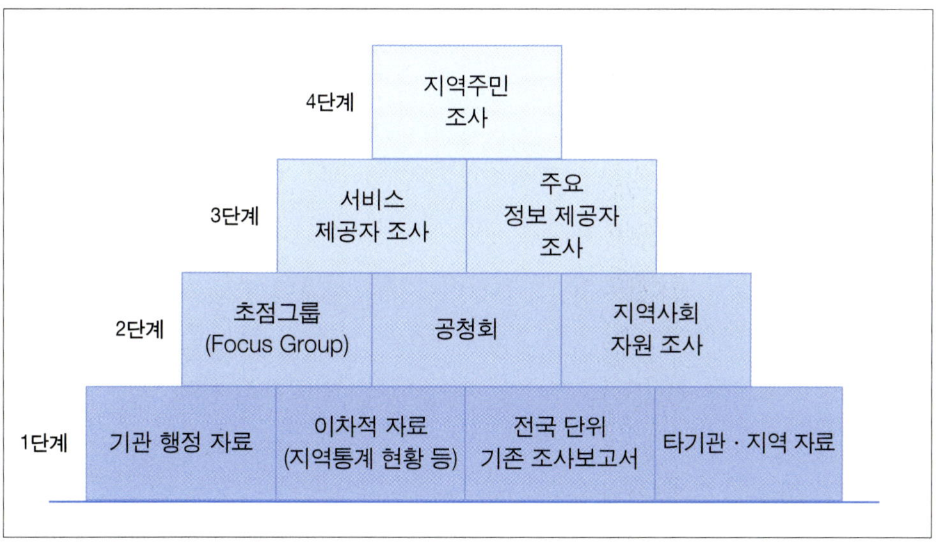

[그림 8-1] 욕구조사 피라미드 모형에 의한 지역사회조사의 모델

지역사회복지조사의 통합적 접근을 가능하게 하는 모델을 종합하여 실천 가능하도록 단계별로 제시하면 다음과 같다.

- 1단계 실태조사: 기존 지역현황에 대한 조사
- 2단계 자원조사: 지역의 자원과 주요 집단에 대한 조사
- 3단계 서비스 이해당사자 조사: 직접적인 서비스와 관련된 이해당사자에 대한 조사
- 4단계 욕구조사: 지역주민 전체에 대한 욕구조사

그 외에 지역사회복지조사에 대한 복잡한 피라미드 모델을 수정하여 간단한 단계적 조사 방법으로 제안해보면 다음과 같다(서인해 · 공계순, 2001).

- 인구사회학적 특성 묘사
- 지역사회 문제 및 욕구에 대한 전문가 집단의 사전 진단
- 지역사회 문제 및 욕구측정
- 지역사회 자원 파악
- 충족되지 않은 욕구 또는 해결되지 않은 문제 파악
- 문제 및 욕구 우선순위결정
- 우선순위를 토대로 한 사업기획

실질적으로 지역사회에서 지역사회복지조사를 수행하기에는 많은 한계가 있다. 따라서 이런 제한점이 있다는 것을 반영하여 제한된 자원(예산 및 인력)내에서 그 문제나 욕구의 심각성, 중대성 등에 기초하여 실시하게 된다.

5) 지역조사에서 사회복지사의 실천적 활동

지역사회에서 지역사회조사를 실시하는 사회복지사의 경우 직접적인 실제조사활동에 참여하지만, 조사 전반의 활동을 조정・관리하는 간접적인 활동도 함께 한다. 따라서 실무자는 지역사회조사에서 사정・개발・관리의 실천이 요구된다.

(1) 지역사회 문제 및 욕구 사정

지역사회복지조사에서 문제 및 욕구사정은 조사를 통해 결과로 나타난 욕구와 문제에 대해 지역주민들이 원하는 서비스가 어떤 것인지를 의미하는 상대적 중요성, 즉 우선순위를 결정하는 방법을 말한다. 욕구사정의 초점은 서비스의 이용 가능성, 서비스 체계의 조정, 서비스의 차이, 서비스의 접근 가능성, 제한된 예산과 인력 등을 기준으로 실시한다.

(2) 지역사회 문제 및 욕구 개발

'지역사회 문제 및 욕구 개발'이란 현재 지역사회에서 욕구나 문제를 가지고 있으나, 잘 파악되지 않거나 새로운 문제나 욕구를 잠재적으로 가지고 있을 것으로 예상되는 집단에 대한 조사를 통하여 사례 발굴 및 새로운 서비스의 수요 예측을 하는 방법을 의미한다. 사회복지에서 민감한 주제나 이슈를 조사하여 욕구를 파악하려고 할 때 이러한 욕구 개발을 실시하여 드러나지 않는 사례 발굴이 가능하다. 예를 들어, 시설장애인의 인권 문제, 아동학대 관련 문제, 지역의 외국인 노동자 문제, 결혼 이주 여성과 그 자녀 문제, 노인 요양서비스 등 새로운 서비스의 수요 예측을 위한 욕구 파악을 하고자 할 때 욕구 개발을 통해서 가능하다.

지역사회 문제 및 욕구 개발은 욕구와 계층에 따라 다음의 두 가지로 구분할 수 있다(강병로, 2008).

기존 서비스 계층의 잠재적 욕구 발굴

기존의 주요 복지 서비스 계층에 대해서 파악되지 않거나 잘 드러나지 않는 욕구를 발굴하여 대응하는 것이다.

잠재적 서비스 계층의 새로운 욕구 확인

기존 서비스 계층이 아닌 새로운 또는 잠재적 서비스 계층, 예를 들어, 노인 인구 증가로 인한 노인 문제와 욕구의 증가에 대한 새로운 욕구를 파악하는 것을 의미한다.

(3) 지역사회 문제 및 욕구 관리

지역사회 문제 및 욕구 관리는 지역사회에서 문제와 욕구를 파악하여 이에 대한 서비스를 원활히 제공하기 위하여 문제와 욕구를 사정하고, 서비스를 기획·수행·평가하는 단계에서 문제와 욕구가 어떻게 충족되고 변화하는지, 서비스가 적절히 제공되고 문제점과 그에 대한 대안이 있는지를 총체적으로 관리·감독하는 것을 의미한다(서울복지재단, 2006).

6) 지역조사의 과제

사회복지조사는 보다 더 다양해지고 광범위해져서 실천과 연구의 연계에 의한 근거중심실천(Evidence based practice), 이론과 실천의 개발에서 지식창출을 위한 연구의 잠재적 역량 강화를 강조하는 참여적(participatory) 또는 비판적 접근 등이 강조될 전망이다. 통합적 접근에 의한 이러한 경향은 사회복지에서 연구·실천·이론 사이의 상호관련성을 인식하는 관점을 토대로 한다(Powell, 2002: 17-33). 사회복지 프로그램과의 관계에서도 그 결과에 대한 연구뿐만 아니라 과정을 연구하는 것에 대한 가치도 반영할 필요가 있다. 연구 패러다임, 철학, 지식,

방법, 과정에 있어서 단순한 패러다임에 국한되지 않고 사회적 조건화의 영향과 제도, 사람에 대한 조사 결과의 영향을 인식하는 것을 요구한다(Gibbs, 2001: 687-704). 따라서 프로그램을 기획하는 사회복지사는 단순한 사회복지조사에 대한 암기적인 이해 및 기계적인 적용의 한계를 넘어 사회에 대한 문제의식 속에서 현실의 문제를 반영하고 발굴하는 조사 실천에 주목해야 한다(강병로, 2008).

지역사회복지를 위해서 주체, 복지 문제, 구체적인 실천사항, 지역사회 복지자원, 지역사회 복지연대 등을 고려할 필요가 있다. 지역사회복지를 위한 지역사회 복지조사에서 지역사회 정보를 파악할 때, 정보의 다양성, 통합성, 실용성, 지역사회 문제 및 욕구의 반영성, 정보의 비교와 조정을 통한 의견 수렴, 과학적 설계에 의한 조사의 신뢰성과 타당성, 정보의 소외성, 정보에 대한 권리 등을 생각해야 한다. 또한 사회복지서비스와 관련되어 보이지 않는 문제, 확인되지 않는 욕구, 발굴되지 않은 자원 등에 대한 발굴과 지역사회 이슈화를 해야 한다. 과학적인 지역사회 복지조사 모델의 개발 및 적용을 위해서는 욕구를 파악할 때 하나의 방법보다는 둘 이상의 방법을 사용한 비교 · 분석이 필요하다. 마지막으로 지역사회와의 의사소통으로서 왜 지역조사를 하는지에 대한 사회적 합의와 공유, 지역사회의 적극적인 참여, 욕구 조사에 대한 민주적 의사결정구조 확립 등을 고려해야 한다(강병로, 2008).

7) 지역 탐방과 지역조사

사회복지실습에서 기관현황분석과 함께 수행하는 것이 지역현황분석이다. 기관 이외에 그 지역의 특성과 현황을 파악하는 것은 사회복지실습과정의 첫걸음이 된다. 지역현황 파악을 위해 지역 탐방, 지역조사 등을 할 수 있다. 구체적으로 지역현황분석에는 탐방 지역의 개요와 현황, 지역의 주요 사회지표, 지역의 인구사회학적 특성, 지역의 사회경제학적 특성, 지역의 사회복지기관 및 자원 탐색 등을 작성할 수 있다. 이것을 바탕으로 필요하거나 보완해야 할 사회복지서비스를 제안할 수 있다(한국사회복지사협회, 2015).

8) 사회복지실습과 사회조사의 적용

사회조사를 할 경우 구체적인 조사 방법과 내용을 토대로 사회조사계획서를 작성·설계한다. 이런 조사는 체계적인 과정을 거쳐서 수행된다. 사회복지실습에서 사회조사를 할 경우에 수행되는 과정은 다음과 같다.

- 문제 제기 및 조사문제의 제시: 문제의 기술 및 검토할 조사문제에 대한 진술, 문제의 중요성과 조사 필요성 제시
- 조사와 관련한 문헌자료 검토: 이론적·역사적 관점, 문헌에서 파악한 차이점 검토
- 조사 방법 제시: 조사 설계와 자료수집절차, 표집설계, 대상에 대한 기술, 측정방법 기술, 자료 분석 절차 제시
- 조사 결과: 기술적·인과적 분석결과 작성
- 논의점: 밝혀진 사항에 대한 설명, 실천에의 함의, 평가의 한계와 후속연구의 제안점 설명(한국사회복지사협회, 2015).

Chapter 09 사회복지 프로그램 및 사례관리

1. 사회복지 프로그램 개발의 실제

프로그램기획서는 프로그램의 실시 배경과 목적, 목표, 목표 관련 지도 내용 및 구체적 수행방법, 평가계획, 회기별 일정표, 예산으로 구성되어 있다. 여기에서 목적, 목표, 하위목표는 일관성을 가져야 한다. 구체적인 수행방법의 경우 결과목표, 하위목표, 수행과정을 세부적으로 작성해야 한다(한국사회복지사협회, 2015). 여기에서는 프로그램 기획을 위한 개념, 내용, 방법, 사례와 적용까지 사회복지실습현장에서 필요한 요소를 중심으로 제시하고자 한다.

일반적으로 프로그램 기획과 관련된 내용을 개괄하면 아래와 같다.

프로그램 기획은 계획서를 만드는 과정에 프로그램의 기획, 집행, 평가의 전 과정에서 프로그램 성과를 달성하기 위한 조정, 감독, 위기대응 등을 더한 총체적인 과정이다. 프로그램 기획과정은 욕구 파악부터 예산 수립과 평가까지 체계적인 과정으로 이루어진다. 주요 과정은 문제분석 - 욕구측정 - 전략선택 - 목표설정 - 프로그램 설계(체계이론에 의한 투입 · 전환 · 산출 · 성과) - 예산수립 · 평가의 과정으로 진행된다. 프로그램 기획관리기법은 프로그램계획서를 실제 프로그램으로 실시하기 위한 관리방법이다(황성철 외, 2010).

프로그램 평가검토기법(PERT)

프로그램의 목표와 관련된 활동의 관계를 논리적으로 도식화하여 시간의 흐름에 따른 프로그램의 진행 정도를 확인하는 방법이다.

간트차트(Gantt Chart)

시간별 활동계획도표로, 시간적 순서에 따라 활동을 나열하는 방법이다. 프로그램의 시간이 진행됨에 따라 프로그램과 관련된 활동을 확인 · 점검할 수 있다.

방침관리기획(Breakthrough Planning)

PDCA(Plan, Do, Check, Action) 사이클에 따라 목표 달성을 위한 조직의 노력을 조정하는 방법으로, 계획 대비 결과 달성 여부를 확인할 수 있고, 위기상황에 대한 대응이 가능하다.

1) 프로그램의 개념

프로그램의 개념은 매우 다양하고 복잡하지만 다음과 같은 의미로 정리할 수 있다.

- 프로그램은 목표달성을 위해 수단을 구체화한 일련의 계획된 활동을 의미한다(Martin & Kettner, 1997).
- 프로그램이란 단일한 목표를 성취하기 위해 조직된 활동들의 집합이며, 사회복지 프로그램은 사람들을 어떻게 도울 것인지에 대한 방법이다(Rapp & Poertner, 1992),
- 프로그램이란 '특정 목표를 성취하기 위한 활동들의 집합'이며, 프로그램 대상자들이 원조를 받는 활동들로 구성된다(정무성, 2001b).

구체적으로 프로그램은 ① 인지된 사회문제를 다루고, ② 한 조직의 전체 활동의 중요 부분을 대표하며, ③ 공식적으로 언급되었던 목표와 세부목표를 가지고, ④ 활동 혹은 노력을 가능하게 하는 직원을 포함한 특정 자원을 필요로 하는, ⑤ 하나의 구조이며, ⑥ 조직목표의 수단이다(정무성, 2001a). 따라서 프로그램은 조직 차원에서 볼 때 조직의 궁극적인 목적인 대상자의 이익이라는 조직목표를 달성하기 위한 수단이며 조직의 사명과 궁극적인 목적을 실현시켜주는 도구이므로, 조직목표와 프로그램은 목적-수단의 관계라고 할 수 있다.

종합해보면, 프로그램이란 클라이언트의 욕구충족과 삶의 질 향상이라는 목표를 가지고 전문적인 지도력과 조직에 의해서 클라이언트의 욕구 충족과 서비스 제공에 적합하도록 과학적으로 개발된 조직적 · 체계적인 모든 활동을 말한다.

2) 프로그램의 기획의 개념과 특징

프로그램 기획의 개념과 특징은 다양한 요소를 포함한다(정무성, 2006).

(1) 프로그램 기획의 개념

프로그램 기획이란 ① 특정기간에, ② 프로그램 담당자들이, ③ 특정한 방법과 자원을 사용하여, ④ 특정한 사람들을, ⑤ 바람직한 상태로 이끌기 위해 사전에 마련한 구체적인 시도를 의미한다.

(2) 프로그램 기획의 특징

프로그램 기획은 미래지향적인 활동(futuristic activity), 적극적 · 능동적 행위(proactive behavior), 조직의 효율성 제고, 연속적 · 단계적인 과정, 협동적 노력, 일련의 의사결정과정, 포괄적인 사고과정, 정형적인 활동 등으로 설명할 수 있다.

3) 프로그램 개발의 원리와 유형

(1) 프로그램 개발의 원리: 과학적인 방법 - 6가지 원칙

① 문제의식 - ② 구체적 - ③ 객관적 - ④ 체계적 - ⑤ 논리적 - ⑥ 대안 및 효과

프로그램 개발 시 고려해야 할 사항(노혁, 2003).

- 사업의 주제와 제목: 사업명만 보고도 프로그램의 목적과 특성, 내용과 방향까지 알 수 있어야 한다.
- 사업의 시의 적절성: 사업이 사회적 흐름과 문화에 적합한 프로그램이 되어야 한다.
- 사업의 사회적 영향성: 사업을 수행함으로써 사회에 어떤 긍정적인 효과를 줄 것인지, 그 사업이 주는 함의가 무엇인지 명확해야 된다.
- 사업지원의 타당성: 사업지원이 왜 이 기금으로 이루어져야 하는지, 지원을 받았을 때 다른 조직이나 프로그램과의 차별성은 무엇인지 확실해야 한다.
- 사업 목적의 명확성: 프로그램은 측정 가능해야 하며, 프로그램 실행으로 나타날 수 있는 변화를 보일 수 있는 상황 또는 조건이어야 하며, 기대하는 효과를 결과로 도출해야 된다.
- 조직 미션과 사업의 일치성(신뢰성): 기관의 목적과 사업의 목표가 항상 동일하게 일치할 수는 없지만, 사업을 평가하는 입장에서 볼 때, 기관의 목적과 사업 목표와 내용이 일치한다면 사업에 대한 신뢰성과 타당성은 매우 높아질 것이다.
- 사업의 기대 효과: 사업계획에서부터 사업의 기대 효과가 측정가능한 형태로 기술된다면 사업효과에 대한 신뢰성이 증가할 것이다.

- 사업의 실현가능성: 제안사업 자체가 현실적으로 실현가능해야 하며, 제안기관(단체)의 인적 · 물적 자원을 동원하여 충분히 실행할 수 있는 사업이어야 한다.

(2) 프로그램 개발의 4가지 유형

〈표 9-1〉 프로그램 기획의 유형

욕구중심 기획 (Need Based Planning)	계획을 세우기 이전에 프로그램에 참여할 대상을 통하여 무엇을 원하는지(욕구)를 사전에 측정·조사하여 프로그램 기획에 반영
문제해결 중심 기획 (Problem-Solving Based Planning)	대상 집단이 가지고 있는 어려운 문제들을 나열하고 이러한 문제가 발생하는 원인을 근본적으로 해결하기 위하여 프로그램을 기획하는 방법
자원 활용 중심 기획 (Resource-Allocation Based Planning)	관련지역이나 집단이 보유하고 있거나 구할 수 있는 인적 · 물적(시설 등) 자원을 최대한 활용할 수 있도록 계획을 수립
참여 기획 (Participatory Planning)	최근에 가장 많이 사용되는 프로그램 기획 방법. 프로그램 기획 단계에서부터 프로그램 참여할 모든 사람 특히, 프로그램 참여주체(Participant)를 중심으로 프로그램에 관련된 사람 모두가 함께 기획에 참여하는 방법 예) 지역복지협의체, 주민참여위원회, 학교운영위원회

출처: 강병로(2008). 사회복지 욕구조사와 프로그램 평가. 나눔의 집.

4) 프로그램 개발 모형

프로그램의 개발 절차 모형은 프로그램의 기획, 실행, 관리, 평가, 조정, 슈퍼비전 등 다양한 요소를 포함한다. 이것을 압축해서 기획 - 실행 - 평가의 3단계로 정리할 수 있다(김영숙 외, 2002).

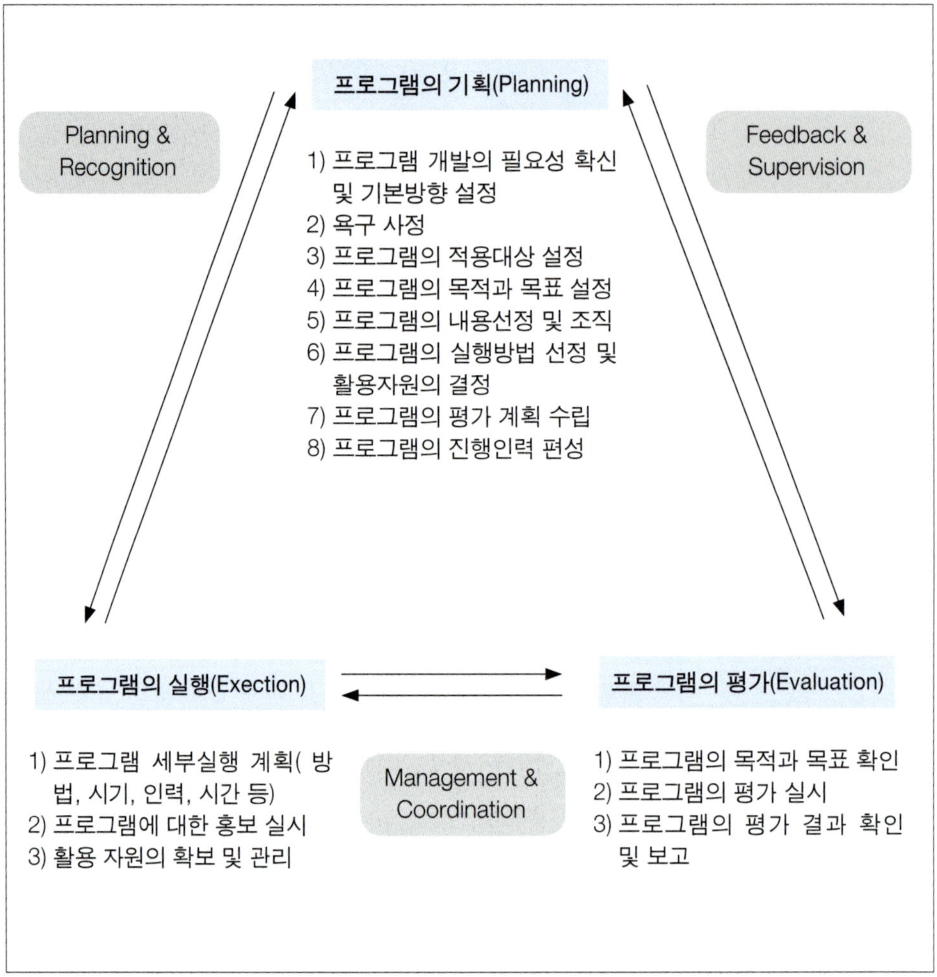

[그림 9-1] 프로그램 개발 모형

출처 : 김영숙 외(2002). 사회복지 프로그램 개발과 평가. 교육과학사.

5) 프로그램 개발과정

(1) 체계(system) 접근

프로그램은 투입(inputs), 전환(throughputs), 산출(outputs), 성과(outcomes)

로 구성된다. 다음 그림은 프로그램의 개발과정과 구조를 나타낸 것이다(정무성, 2001a).

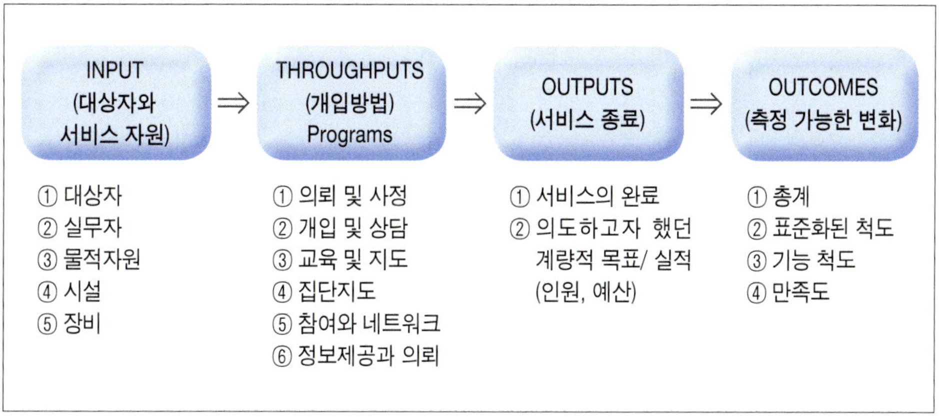

[그림 9-2] 프로그램 개발 과정

이러한 개발과정을 프로그램의 단계별로 정리하면 다음과 같다.

〈표 9-2〉 프로그램 개발 단계

단계	프로그램 개발	세부내용
1단계	욕구 및 문제확인 (Need & Problem Definition)	문제 및 욕구를 확인하고 그 원인과 내용 파악
2단계	프로그램 사정 (Program Assessment)	문제 및 욕구의 인과 관계, 실태, 현황을 파악하여 프로그램의 가설과 목적 및 목표 설정
3단계	프로그램 설계 (Program Design)	투입-전환-산출-성과를 이용한 프로그램 내용 구성
4단계	프로그램 집행 (Program Execution)	필요한 현장세팅, 자원동원, 홍보 및 네트워크 등을 고려한 프로그램 진행
5단계	프로그램 평가 (Program Evaluation)	프로그램 개발 및 진행상의 문제점과 목표 달성을 평가
6단계	프로그램 재기획 (Program Re-planning)	평가 및 분석된 프로그램의 개선방안을 통한 재기획

출처 : 우수명(2004). TP사회복지Program 개발과 평가. 인간과 복지.

(2) 프로그램의 4단계 모형

프로그램의 단계: 준비단계, 실행단계, 종결단계를 구성하면서 환류, 공유, 보강, 적용, 중 · 장기성과평가 등을 포함한 사후관리 단계

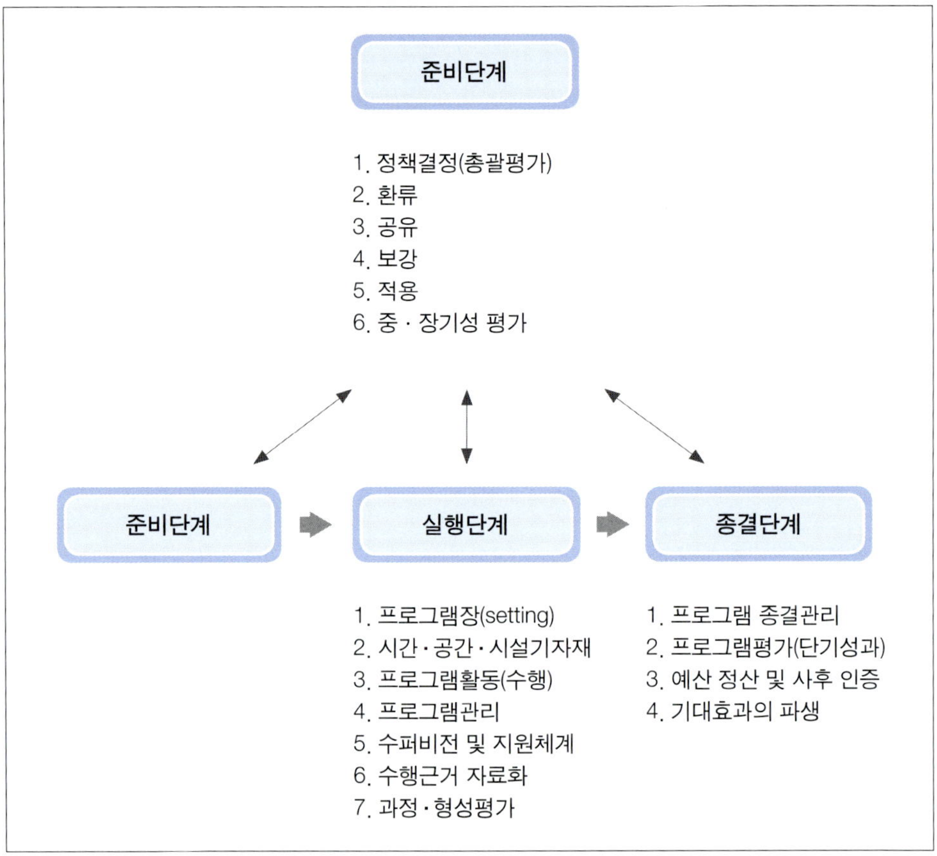

[그림 9-3] 프로그램의 과정 4단계 모형

출처 : 우수명(2004). TP사회복지 Program 개발과 평가. 인간과 복지.

결론적으로 프로그램 개발과정은 논리적 · 구체적인 방법을 이용하는 과학적인 과정이다. 프로그램 개발은 ① 문제 · 욕구확인, ② 프로그램 설계 · 계획, ③ 프로그램 실행, ④ 프로그램 평가의 네 단계를 거치게 된다. 프로그램 개발 · 의

사 결정에 다양한 활동이 포함되어 있고, 일련의 단계를 거치며, 우연의 산물이라기보다는 논리적 과정의 산물이다(정무성, 2006).

6) 프로그램 기획과 관리

프로그램은 총체적으로 프로그램과 성과관리의 차원에서 접근할 수 있다. 프로그램 성과관리를 위해서는 프로그램 관리, 욕구개발과 관리, 조사관리를 고려할 필요가 있다. 각 분야는 서로 연계되며 통합적으로 활용할 수 있다(강병로, 2008).

(1) 프로그램 관리

- 프로그램 설계: 목적과 목표 설정, 성과 산정(투입)과 성과관리 계획 수립
- 프로그램 수행과 관리: 프로그램 집행과 욕구 및 자원 관리, 성과 확인 및 점검
- 프로그램 종결과 평가: 프로그램 종결과 프로그램 성과 측정
- 프로그램 재기획: 프로그램 재기획을 위한 성과 재설정

(2) 욕구개발과 관리

- 욕구사정: 욕구의 우선순위 산정
- 욕구연계 및 조정: 프로그램 수행에서 욕구의 중복 및 누락 조정
- 욕구충족도평가: 욕구 충족도(예: 만족도) 평가
- 욕구재사정: 프로그램 재기획을 위한 욕구 재사정

(3) 조사관리

- 지역진단과 욕구분석: 지역, 욕구, 자원, 성과사전측정
- 과정평가: 프로그램 과정에 대한 모니터, 질적 연구방법 병행 등
- 성과평가: 투입 · 산출 · 성과에 대한 효과성, 효율성, 품질의 관점에서 평가 사전 측정된 성과와의 사전 · 사후 비교를 통한 성과를 측정
- 평가기획: 프로그램 재기획을 위한 재조사와 차후 평가계획 수립

7) 프로그램 개발과 평가

사회복지사의 시간과 에너지의 상당히 큰 부분을 차지하는 다른 관리 활동은 기획된 또는 기존 프로그램과 관련된 자료를 수집 · 분석하는 것을 포함한다. 프로그램 평가(프로그램 모니터를 포함하여)는 이론을 정말 잘 반영하고 있는 프로그램이 필요하고 실질적인 활동인지를 조사하는 체계적 · 목표지향적 활동의 설계를 포함한다. 최근에 프로그램 평가 주제에 관한 새로운 책들이 많이 출판되었다. 그 책들에는 자료를 수집 · 해석하고 프로그램에 대해 결론을 내리는 정확한 방법을 설명하고 있다. 여기서 제시하는 것은 관리자의 이런 중요한 과업에 대한 간략한 소개이다(Weinbach, 2008).

프로그램 평가는 많은 유형이 있으며 그 목적도 다르다. 첫째, 욕구사정으로, 프로그램 기획단계에서 수행되거나 현재 상황에서 기존 프로그램의 욕구에 대해 질문하고자 할 때 해당된다. 둘째, 형성평가로, 프로그램이 진행 중이지만 그것의 성공을 예상보다 빠른 시점에서 평가하고자 할 때 수행된다. 셋째, 총괄평가로 프로그램이 종결되거나 끝날 때 하게 된다. 추가적으로 프로그램의 특별한 측면에 관심을 가지고 조사하는 몇 가지 다른 특성화된 형태의 평가가 있다. 예를 들어, 그것을 어떻게 잘 관리할지에 대한 방법으로 비용효과분석이나 또는 프로그램의 실패 이유를 조사하는 것이다(Weinbach, 2008).

평가는 (관리자가 정기적인 모니터와 피드백을 위해 평가를 하려고 할 때) 내부적으로 작동할 수 있다. 또한 외부적으로 발생될 수 있는데 예를 들어, 재정지원조직에서 요구하거나 프로그램의 장점 및 가치를 결정하고자 하는 외부 평가자에 의해 수행될 수 있다. 자료는 종종 표준화된 도구를 사용하거나, 지역사회 포럼, 전화 조사, 핵심집단, 우편 조사, 직접 관찰 등의 다양한 질적 · 양적 연구방법을 활용하여 수집한다. 자료의 원천은 과거, 현재, 잠재적 클라이언트, 직원, 핵심 정보제공자, 심지어 프로그램의 친구와 적들을 포함하게 된다.

사회복지사는 프로그램 평가에 있어서 몇 가지 책임이 있다.

- 그들은 프로그램의 미션, 목적, 특히 목표가 프로그램을 평가하는 데 가능한 한 명료하게 표현하는 것을 확실하게 할 필요가 있다.
- 프로그램 자료를 수집 · 분석하는 일이 일상적인 활동의 공식적인 부분으로 인식되도록 하고 가치있는 활동으로서 고려되는 작업환경을 창출하려고 해야 한다.
- 그들은 적절한 프로그램 평가를 수행하고 설계하는 방법, 또는 적어도 타당하고, 유용하며 공정하고 정확한 평가가 구성될 수 있도록 학습해야 한다.
- 그들은 평가가 잘못 사용될 수 있고, 윤리적으로 이용될 수 있도록 모든 노력을 기울여야 한다는 것을 인식해야 한다(Weinbach, 2008).

8) 프로포절 작성

(1) 프로포절의 개념과 구성

프로포절(Proposal)이란 프로그램의 기획단계에서 기금을 확보하기 위한 사업제안서이다.

(2) 프로포절의 작성과 구성내용

① 작성단계와 고려사항

〈표 9-3〉 프로포절 작성단계와 고려사항

프로포절 작성단계(9단계)	프로포절 작성 시 고려사항
(1) 문제의 이해 (2) 브레인스토밍: 해결방법 상상 (3) 문제해결방법의 파악 (4) 기대되는 결과 및 혜택 기술 (5) 문제해결 성취를 위한 과업 결정 (6) 필요한 자원 추정 (7) 프로그램의 실현가능성 사정 (8) 기대되는 결과에 대한 재사정 (9) 결과의 측정도구 파악	- 표적집단의 명확한 파악 - 클라이언트/ 지역사회 욕구 충족 - 비용효과성 - 참신한 접근 - 기존 자원의 활용 - 기관 상호간의 협력 증진 - 재단 미션과 일치 - 지역사회 파급효과

출처: 강병로(2008). 사회복지 욕구조사와 프로그램 평가. 나눔의 집.

② 프로포절의 구성 내용

프로그램 설계의 구성요소은 다음과 같이 8단계로 되어 있다(정무성, 2001).

- 1 단계 : 욕구파악 - 사회 문제 및 욕구를 분석한다.
- 2 단계 : 프로그램 대상자 선정 - 프로그램에 의해서 직접적으로 이익을 얻는 사람이 누구인지를 결정한다.
- 3 단계 : 이론적 근거 - 프로그램에 대한 이론적 기반을 정한다(목표와 세부목표결정).
- 4 단계 : 프로그램 과정 - 서비스 절차를 구체화한다.
- 5 단계 : 프로그램 수행 인력 - 대상자의 이익을 생산하기 위해서 필요한 가장 중요한 사람들을 규명한다.
- 6 단계 : 프로그램의 환경 - 프로그램 실시 환경을 구체화한다.

- 7 단계 : 프로그램 세부 내용 - 실제로 도움이 될 행동양식을 기술한다.
- 8 단계 : 프로그램 평가 - 정서와 반응을 확인한다.

(3) 프로포절 작성 과정

여기에는 실제 프로포절 작성 과정에 대한 내용이 제시되어 있다. 이 내용은 사회복지공동모금회의 사업제안서를 토대로 되어 있다. 이 사업제안서에는 사업개요, 목적과 목표, 조직, 인력, 세부내용, 예산, 일정, 평가 등 광범위한 내용을 포괄한다(우수명, 2004; 사회복지공동모금회, 2005).

① 사업개요

가. One Page Proposal(한 장의 계획서)

프로그램에 대한 요약

나. 프로그램 서문

프로그램 전체 내용을 프로그램 기획 단계에서 가설적으로 작성.

다. 사업개요

- 조직현황: 조직특성, 연혁, 조직표, 인력, 연간사업, 예산, 관련사업실적 등
- 프로그램 내용: 사업명, 사업의 필요성, 대상, 목적, 방법, 기간, 인력, 예산 등

라. 사업개요 사례

<table>
<tr><th>사업명</th><td colspan="3">빈곤아동과 함께 하는 신나는 세상 만들기</td><th colspan="1">기관명</th><td colspan="2">○○사회복지센터</td></tr>
<tr><th>사업
목표</th><td colspan="6">저소득 빈곤가정 아동이 겪고 있는 경제적·문화적 소외를 극복하고, 해체위기에 놓인 아동이 신나고 재미있는 다양한 프로그램 참여를 통해 자신과 이웃, 주변의 모든 사물에 대하여 열린 마음과 민주적이고 삶의 주체적 인간으로 성장하는 것을 돕는다.</td></tr>
<tr><th>사업
내용
요약</th><td colspan="6">경제 위기 이후 저소득층이 느끼는 생계에 대한 어려움은 그다지 호전되지 않고 있다. 저소득층의 생계 문제는 곧바로 아동의 심리적 · 정서적 문제, 문화적 결핍과 사회·경제적 소외감으로 이어져 많은 어려움을 겪는다. 대체로 사회적으로 일탈의 가능성이 높은 아동은 대개 결손가정이거나 저소득층 자녀인 경우가 그렇지 않은 경우보다 많다. ○○지역아동센터가 위치하고 있는 ○○동은 ○○시에서 가장 낮은 경제적 수준을 영위하고 있는 지역이다. 특히 IMF 이후 이곳에 거주하고 있음은 이들 지역사회 내에서 저소득층을 위한 공동체망 구축에 대한 필요성을 강하게 느끼도록 하고 있다.
이 지역의 아동들이 느끼는 상대적 박탈감은 다른 지역에 비해 더욱 클 수 밖에 없으며, 낮은 학업 성취도와 높은 일탈가능성이 공존하고 있다고 볼 수 있다. 이러한 상황에서 본 센터에서 운영하는 학습/생활지도, 사회정서활동, 상담, 지역사회사업, 문화활동 등 다양하고 건전한 프로그램을 운영하여 지역사회 아동들의 건전한 문화형성과 상대적 박탈감의 치유, 학업 성취도의 증가에 큰 구실을 할 수 있으며, 이는 지역사회의 공동체화를 향해 나아가는 길이라고 본다.</td></tr>
<tr><th>일정</th><td colspan="6">○○년 1월 1일 - ○○년 12월 31일</td></tr>
<tr><th>예 산</th><th>총사업액</th><td>10,000,000</td><th>대상</th><td>저소득
결손가정 아동</td><th>대상인원</th><td>100 명</td></tr>
</table>

- 사업명: 프로그램의 의미, 효과, 의도, 내용, 구성, 시대적 이슈 등의 집약

  예) 강북청소년수련관의 '우리반 왕따 바이러스 치료하기'

  예) 꽃동네현도사회복지대학교의 '함께 가자 우리 이 길을- 장애 없는 거리 만들기'

  - 부제활용 -

  예) 태화기독교종합사회복지관의 '빈곤지역 청소년을 위한 신바람 나는 세상 만들기 - 비행예방 및 문제해결을 위한 통합적 접근 프로그램 개발'

② 목적과 목표

가. 사업의 필요성(문제 및 욕구 포함)

사업의 필요성

사업계획서의 인증을 위하여 프로그램의 당위성을 주장하는 근거와 이론적 배경, 클라이언트 욕구의 종류와 심각성의 부각, 통계치와 경험적 연구 등의 객관화된 자료 활용 등

논리적 서술

- 클라이언트 문제에 대한 통계자료 제시
- 해당 지역 또는 관련 지역 내의 클라이언트 수와 현재 문제의 심각성 제시(관련 조사자료)
- 클라이언트의 문제 유형 및 욕구 내용과 관련된 효과적인 프로그램의 사례 제시
- 본 사업의 필요성 제시

③ 사업목적 및 목표

가. 목적과 목표

- 목적(Purpose): 프로그램을 통해 궁극적으로 달성하고자 하는 추상적인 지향점
- 목표(Goals): 목적을 보다 구체화하여 방향성을 제시한 수준

《 목표는 SMART 해야 한다 》

목표: SMART

: Specific(구체적이고 명료함), Measurable(측정가능함), Attainable(목표달성의 가능성), Relevant(목표의 타당성), Time-bounded(시간의 제한성)의 기준에 근거하여 목표를 수립하여야 한다. (정무성, 2006)

- 세부목표(Objectives): 프로그램을 통해 달성하고자 하는 구체적인 목표로 작성

평가의 기준

- 구체적이고 명확하며 실현가능하도록 작성함
- 실현되어야 할 내용과 구체적인 방법, 달성될 계량화된 목표수치 등을 포함
- 프로포절에서 가장 중요함

나. 사례

〈결손가정 아동지원 프로그램〉

<table>
<tr><th>1) 목적</th><th>2) 목표</th><th>3) 세부목표(필요시 기재)</th></tr>
<tr><td rowspan="4">한부모가정 아동을 대상으로 방과 후 프로그램 운영을 통한 보호와 학습 기회 제공</td><td rowspan="2">1. 보호</td><td>1-1. 월 30명 이상 비행 예방을 위한 교육 실시
(교육 참가자의 70%이상이 비헹 예방 인식정도가 80% 수준)</td></tr>
<tr><td>1-2. 주 2회 집단 프로그램을 통한 건전한 또래 관계 형성
(참가자의 70% 이상이 또래관계 향상)</td></tr>
<tr><td rowspan="2">2. 학습 기회 제공</td><td>1-1. 연 4회 이상, 박물관 관람 및 캠프 등 다양한 특별활동 기회 제공
(참가자의 70% 이상이 80% 이상 만족)</td></tr>
<tr><td>1-2. 매일 10명에게 1시간씩 학습지도를 통해 학습능력 향상
(참가자의 70% 이상이 학습성취도 향상)</td></tr>
</table>

④ 대상자의 규정

가. 위계적 대상자 선정

일반집단, 위험집단, 표적집단, 클라이언트 집단

- 일반집단(general population): 서비스를 제공할 대상이 속해 있는 전체의 인구집단 또는 지역의 일반 인구집단(전체대상)

- 위험집단(at risk population): 일반집단 중에서 어떤 문제나 욕구를 가지고 있거나, 잠재되어 있다고 추정(파악)되는 인구집단
- 표적집단(target population): 위험집단 중에서 문제, 욕구가 표출되거나 있다고 확인된 집단으로, 당장 혹은 예산이 확보된다면 반드시 문제를 해결해 주어야 할 대상
- 클라이언트 집단(client population): 프로그램의 직접적인 수혜자로 수행되는 프로그램의 직·간접적인 혜택을 받거나 참여하게 되는 대상

나. 사례

〈결손가정 아동지원 프로그램〉

대상구분	서비스대상자 산출 근거	단위 수(명)
일반 대상	○○시 전체 결손가정 수	23,321세대 [a]
위기 대상	일반대상 중 저소득 결손가정 수	230세대 [b]
표적 대상	위기대상 중 자녀양육이 곤란한 결손가정	100세대 [c] (위기대상의 40%)
클라이언트수	표적대상 중 아동위탁을 의뢰하는 결손가정에 대한 상담·조사를 통해 적합성이 인정되는 세대의 아동 수 (단, 13세미만 아동을 대상으로 함)	45명(30세대) (표적대상의 30%)

출처: a= 통계청(2005), b= OO시 통계연보(2005), c= 한국보건사회연구원(2005).

- 한국보건사회연구원(2005) 연구결과 (결손가정 중 자녀 양육의 문제가 심각하다고 응답한 가정이 전체의 40%) 를 토대로 산출한다.
- 클라이언트 수: 표적대상 중 예산과 자원을 고려하여 산출하며, 일반적으로 표적대상의 30%에 해당한다.

⑤ 세부실천계획의 구성

가. 프로그램의 계획 흐름도

전체적인 프로그램 진행의 흐름을 쉽게 알 수 있도록 한 장의 도표로 작성한다.

나. 세부계획

각 목표단위별 요구되는 프로그램으로 구성하며, 일반적으로 사업명, 일정, 목표, 담당자, 사업진행내용, 준비사항 등의 6개 요소로 구성한다. 사회복지공동모금회의 경우 세부목표, 투입(프로그램, 수행방법, 시행시기, 수행인력), 산출근거(참여인원, 시행횟수시간)의 총 7개 요소로 구성한다.

〈표 9-4〉 프로그램 세부계획 사례

① (세부) 목표	② 투입				③ 산출근거	
	프로그램	수행방법	시행 시기	수행인력	참여 인원	시행횟수 시간
1-1. 다양한 특별활동 기회 제공	문화체험 "박물관 탐험"	우리동지 아동을 대상으로 문화체험 기회부여 (중앙박물관, 역사박물관 등 견학)	4월, 9월	사회복지사 자원봉사자 3명	30명	연2회 각 8시간
	가족캠프	방학 기간동안 가족, 친구와 함께하는 1박 2일 캠프 진행	8월	사회복지사 2명 자원봉사자 5명	50명	연1회 1박 2일
1-2. 학습 능력 향상	수학교실 "숫자야 놀자"	수학 실력이 부족한 아동에 대한 학습지도	상시	사회복지사 자원봉사자	8명	주2회, 1회 2시간
	숙제지도	아동들의 숙제를 도와줌	상시	사회복지사 자원봉사자	30명	주5회 1회 1시간

⑥ 실행인력의 구성

실행인력은 프로그램을 직접 수행할 수행 인력을 중심으로 기록하지만, 이를 간접적으로 지원, 또는 지도감독할 지도인력, 자원봉사자나 보조직원과 같은 보조인력도 포함하여 구성하는 것이 일반적이다.

가. 사례

〈실행인력의 구성 예〉

이름	담당부서/직위	경력(년)	담당 역할	할당시간(단위:일주일)	자격증(신청사업관련)
홍길동	관 장	- ○○대학교 사회복지학과졸업 - ○○복지관장 경력 10년	프로그램 전체 지도,감독	주 6시간	사회복지사1급
강감찬	부 장	- ○○희망원 생활지도원 3년 6개월 - ○○복지관 부장경력 7년 5개월 - ○○대학교 사회복지대학원재학중	프로그램 전체 지도,감독	주 6시간	사회복지사1급
허 준	물리치료사	- ○○보건소경력 6년 - ○○복지관경력 3년	종합검진, 물리치료	주 4시간	물리치료사

⑦ 예산계획의 구성

(1) 사업신청 예산

- 프로그램 내용에 따른 분류: 인건비, 사업비, 관리비
- 예산조달 계획에 따른 분류: 신청금액과 자부담
- 예산목적에 따른 분류: 직접비와 간접비
  - 직접경비: 신청 프로그램을 위해서 직접 현금으로 새롭게 지출되는 경비
  - 간접경비: 기관의 기존시설이나 인원 중 신청프로그램에 활용할 부분 비용

〈표 9-5〉 프로그램 예산계획 사례

항 목			계	1)산출근거	2) 예산조달 계획			
					신청금액	3)비율 (%)	자부담	3)비율 (%)
인건비	프로그램 강사비		2,400,000	월10시간×2만원×12개월	1,200,000	16.9	1,200,000	16.9
	소 계		2,400,000		1,200,000	16.9	1,200,000	16.9
사업비	숫자야 놀자	교재비	80,000	5천원×8명×2권	80,000	1.1		
		간식비	1,560,000	1천원×30명×52주	1,560,000	22		
		유급자원봉사자	240,000	4천원×2시간×30회	240,000	3.4		
	숙제 지도	문구구입	60,000	필기구 및 연습장 2천원×30명	60,000	0.8		
		자원봉사자 식대	1,200,000	5천원×20회×12개월	1,200,000	16.9		
	문화 체험	버스대여	700,000	버스대여 350,000원×2회	350,000	4.9	350,000	4.9
		진행비	350,000	입장료 1천원×35명×2회 도시락 4천원×35명×2회	350,000	4.9		
	소 계		4,190,000		3,840,000	54.2	350,000	4.9
관리운영비	냉난방비		500,000	10만원×5개월	300,000	4.2	200,000	2.8
	소 계		500,000		300,000	4.2	200,000	2.8
기타								
	소 계							
총 계			7,090,000		5,340,000	75.3	1,750,000	24.7

⑧ 평가방법의 제시

가. 목표에 대한 평가방법: 평가의 틀 구성

- 척도를 통한 평가: 이용자 수, 클라이언트 참여시간, 표준화된 척도 등으로 평가

- 설문지를 통한 평가: 이용자 만족도 평가
- 기타평가: 자체평가, 실무자 평가, 지역사회평가

〈표 9-6〉 목표에 의한 평가방법

(세부)목표	1) 목표에 대한 평가방법 (평가지표 및 평가도구)
1-1. 다양한 특별활동 기회 제공	• 특별활동 프로그램 종료 후 만족도 및 의견 조사 • 참여도 측정
1-2. 학습능력 향상	• 성적향상정도, 공부하는 시간(집중도) 등 측정, 수행일지 작성 • 프로그램 실시 전·후 비교

〈표 9-7〉 성과평가에 의한 평가방법

성과평가	자존감 향상	올바른 직업관 형성	약물 남용 예방	건전한 여가 활동	지각·결근 일수의 감소	서비스의 질적 향상	안전사고 발생률 감소
평가지표	• 자아인식도 • 자기주장 능력	• 직업필요성 의인식도 • 장래인생 계획	• 약물남용에 대한 이해 • 약물남용 청소년의 발견과 전문기관의뢰	취미활동의 종류	지각 · 결근 일수	이용자 만족도	안전사고 발생율
측정도구	자존감척도	직업인식에 관한 설문지	• 약물남용 인지에 대한 설문지 • 의뢰기록지	여가활동 내용에 대한 설문지	근무일지	만족도 설문지	전년도 안전사고 통계자료
평가방법	사전 · 사후 설문의 자존감척도를 통해 평가	사전 · 사후 설문의 직업인식항목을 통해 평가	약물사용 고위험검사와 약물남용 인지도에 관한 사전 · 사후 설문을 통해 평가	사전 · 사후 설문의 여가활동 항목을 통해 평가	교육 전 · 후의 근무일지를 통해 평가	교육이수 3개월 후 사용자에게 설문하여 평가	전년도 안전사고율과 교육연도의 안전사고율 비교평가

⑨ 피드백과 슈퍼비전

가. 프로그램 실행의 관리체계 구성

- 내부관리체계: 기관의 행정지원체계 구성
- 외부관리체계: 사회복지조직 외부에 존재하는 인력, 자원, 정보 등으로 프로그램의 원활한 수행을 위하여 연계되어야 할 관리체계

- 행정체계: 사업비 지출이나 차량지원, 보조인력 배치 등 프로그램의 진행을 원활하게 수행할 수 있도록 원조해 주는 체계
- 전문적 연계망: 슈퍼비전이나 자문회의 등 전문적인 프로그램 진행을 원조
- 지역사회 연계망: 지역사회 자원을 연결하거나 관리를 도와주며, 지역사회 내 다양한 자원활용
- 클라이언트 유지관리체계: 참여하는 클라이언트에 대한 부가적인 원조나 지원을 통하여 지속적인 참여에 도움

2. 사례관리의 이론과 실제

사례관리(case management)는 선진국에서 휴먼서비스의 새로운 패러다임 속에서 사회 서비스 혁신을 위해 발생하였다. 사례관리는 다양하고 복잡한 욕구를 가진 클라이언트에게 적합하도록 서비스를 연계 및 조정하는 것이다. 전통적인 시설보호와 다르게 지역사회보호라는 맥락 속에서 클라이언트의 체계를 토대로 두고 수행되는 직접서비스라기보다는 간접서비스라고 할 수 있다. 클라이언트의 욕구 외의 자원을 사정하고, 개입 외의 과정에서의 평가도 이루어지며, 사례관리자라는 전문가적인 역할을 수반한다는 특징을 가진다.

여기에서는 사례관리의 개념, 특징, 유형, 주요 과정, 사례를 살펴보고자 한다(김융일 외, 1995; 양옥경 외, 2002).

1) 등장배경과 동향

사례관리(case management)는 1980년대 이후 미국, 영국, 캐나다 등에서 정신장애인을 비롯하여 노인, 아동, 장애인과 같은 다양한 휴먼 서비스 영역에서 주목받아 왔다. 사례관리는 ① 탈시시설화의 영향, ② 복잡하고 분산된 서비스 체계에서 서비스의 연계성을 확복할 수 있는 기능 필요, ③ 클라이언트와 그 가족에게 부과되는 과도한 책임을 지원, ④ 다양한 문제와 욕구를 가진 클라이언트의 증가, ⑤ 서비스 비용 억제 등으로 등장하게 되었다. 사례관리는 돌봄, 저출산, 고령화 등 신사회위험 증가, 위기가정 및 취약계층 등 사각지대의 심화, 욕구에 맞춘 서비스의 연계와 통합화, 잠재적 빈곤층 예방을 위한 서비스 전달체계의 재편 등 휴먼 서비스 전반의 변화와 밀접한 관련성을 가지므로 실천현장에서 필요하다(홍선미, 2010). 사례관리는 원래 탈시설화의 맥락에서 지역사회에서 서비스의 단편화를 극복하면서 복합적이고 장기적인 다양한 욕구를 가진 클라이언트를 대상으로 효과적인 서비스를 제공하는 대표적인 사회복지 실천전략이다. 특히, 횡적인 지속성과 종적인 서비스 포괄성을 강조하는 사례관리는 클라이언트의 다양하고 변화하는 욕구를 충족시키기 위하여 다양한 기관과 전문가가 서비스를 통합 · 조정함으로써 서비스의 중복 및 누락을 방지하는 것을 주요 목표로 삼는다(홍선미 · 하경희, 2009).

사례관리는 최근 무한돌봄, 희망복지지원, 위기가정 통합사례관리의 시대에서 확대되고 있으며, 2014년 국민기초생활보장제도 통합급여에서 맞춤형 개별급여 체계로 전환, 사회서비스의 확대와 품질 관리의 강화, 3기 지역사회복지계획의 발전과 지역사회복지의 재편, 사회복지관 사업의 사례관리 중심 3대 기능 개편으로 본격적인 적용이 이루어지고 있다(문현정, 2013).

미국의 경우 2012년 아동과 가족을 위한 웃음치료와 사회서비스 분야 등까지 사례관리가 강조되고 있다(Gilgun and Alankaar, 2011). 영국에서는 지역사회보호(Community care)로 지역사회에 기반을 둔 통합적 접근과 사례관리 실천이 확대되고 있다. 영국정부는 아동의 삶의 질 향상과 복지 증진을 핵심과제로 삼고 있으며, 이에 대한 대응전략으로써 지역사회에 기반을 둔 사례관리를 실천하고 있다. 이를 위해 관련법을 개정하고 시스템을 정비하였으며, 인력을 양성하는 등 다각적인 노력을 기울이고 있다. 이러한 영국의 아동서비스는 조기개입과 체계적인 협력관계를 바탕으로 한 통합적 접근이 그 특징이다. 아동의 다양한 욕구에 민감하게 대처하기 위한 조기개입과 발달 과정에 따른 서비스제공, 관련 전문가들의 협력체계 구축, 일원화된 전달체계 및 시스템 정비, 사례관리 과정에 아동과부모의 참여를 보장하는 것이다(양소남, 2012). 이러한 경향으로 탈시설화 계약, 보호의 자기 설계, 삶의 가치 등에 초점을 둔 신휴먼중심 사례관리(new 'person-centred case management')가 새롭게 등장하였다(Cambridge, 2008).

2) 사례관리의 개념

사례관리는 사회기능상의 문제를 가진 개인이 기능을 회복하고 발전하도록 개인과 주변 환경을 변화시키기 위해 지속적 · 통합적으로 개입하는 방법이다. 사회적 서비스 측면의 다양한 문제를 다루고, 장기보호를 필요로 하는 집단과 다양한 욕구를 가진 클라이언트에게 적합하며, 특히 지역사회 거주 정신장애인에게 가장 적합한 개입방법이다.

더 나아가 통합사례관리사업이란 지역사회에서 주민참여, 주민통합을 위해 공공 · 민간자원을 토대로 복합적이고 다양한 욕구를 가진 대상자에게 필요한 서비스를 통합적으로 연계 · 제공하고, 이를 지속적으로 상담 모니터링 해나가는 것을 의미한다. 사례관리가 개별기관, 개별 사례관리자에 의하여 지역사회 내에서 이루어졌다면 통합사례관리는 그 실행 범주를 지역사회 밖으로 확장하고 솔루션위원회, 권역별소위원회 등 지역사회 주민도 참여하여 개인과 이웃주민, 지역사회의 통합을 가능하게 한다(서울복지재단, 2012). 특히, 강점관점 통합사례관리 실천방법은 '클라이언트 가족과 일하기', '클라이언트 가족과 관계맺기', '지역사회와 일하기', '팀워크 강화하기', '사례관리 능력을 강화하기', '탄력적으로 운영하기' 등의 실천기술을 활용할 수 있다(김경미 · 윤재영, 2010).

3) 이론적 배경

사례관리는 특정 대상을 위한 직접적 서비스 및 지역사회실천에서의 서비스를 합한 것으로, 클라이언트에게 좀 더 포괄적이고 지속적인 서비스를 제공할 수 있다. 사례관리는 클라이언트 중심 철학을 기초로 적극적인 지역사회보호를 지향한다는 점에서 전통적인 사회복지와 구별되며, 클라이언트 중심 철학은 클라이언트를 기존의 프로그램에 맞추는 것이 아니라, 클라이언트의 욕구를 기초로 서비스의 개발과 제공이 이루어지는 것이다. 적극적인 지역사회보호라 함은 단편적이고, 분산된 지역사회 서비스를 조정 · 통합한다는 것을 의미한다. 사례관리의 이론적 기반에는 생태체계적 관점, 임파워먼트 관점, 사회적 지지망 이론이 있다(장인협, 우국희, 2001).

(1) 생태체계적 관점

사회복지사가 실천 상황의 '환경 속의 개인' 맥락에 초점을 유지하도록 한다는 것을 전제로 한다. 생태체계적 관점은 생태학에서 출발하였으며 생태체계는 '지역사회의 유기체들을 서로 또는 환경과 연계를 갖는 물질순환과 활동적인 상호작용을 하는 부분적 혹은 전체적인 유기체의 총체'이다. 생태체계에서의 기본적인 개념은 다음과 같이 설명한다.

- 공생의 개념은 상호작용을 통하여 한쪽 혹은 상호 유익을 얻는 두 종 간의 빈번한 상호작용을 말한다.
- 편리공생은 다른 종에게 유익이나 해를 끼치지 않으면서, 한 종이 도움을 얻는 것을 말한다.

- 활동공간은 특정한 종이 생태체계 안에서 생존하며 건강을 유지하고 재생산을 하기 위해 요구되는 물리적 · 화학적 · 생물학적 요인을 일컫는다.
- 수용능력은 특정한 생태체계 안에서 살 수 있는 각 종의 최대한의 개인 수를 말한다.

이런 생태체계적 관점은 '인간의 욕구와 문제 등은 인간 혹은 환경 자체의 산물이 아니라 상호교환의 산물로서 보는 것'을 강조한다. 또한 우리가 기능하는 환경은 점차 변화하며 개인과 지역사회, 전체사회는 이러한 변화에 적응해야 한다는 것을 제시한다(김혜란 역, 1999).

(2) 임파워먼트 접근

생태체계적 관점을 통합하고 있으면서 강점을 지향한다. 클라이언트 체계의 능력을 신뢰하고 현재적 또는 잠재적 능력 위에서 해결책을 모색하며 환경적 자원을 활성화한다. 사회복지실천에서 임파워먼트 활용은 참여, 상호성과 협동, 비판적 의식의 개발, 지역사회 행동의 기반인 대화 등이다.

(3) 사회적 지지망 이론

클라이언트를 둘러싼 생태체계에서 도움을 줄 수 있는 사회적 지지망을 강조하는 관점이다. 사회적지지망은 가족이나 이웃, 친지, 민간자원 등이 중요한 사회적 자원이 됨을 인식하며, 잠재적 능력을 개발하여 사회적 관계를 형성하여 클라이언트를 지원하는 것을 말한다.

4) 주요개념

(1) 사례관리 서비스 성격 차원

① 서비스 체계 중심 개념

사례관리는 간접적인 서비스 제공기능의 측면에서 서비스 전달체계의 문제해결 방법이다.

② 클라이언트 체계 중심 개념

클라이언트와 사례관리자와의 치료적 관계를 바탕으로 클라이언트의 정신내적, 대인관계적, 환경적 개입이 상호 연합한다. 클라이언트 체계 중심 개념은 클라이언트에 대한 내면 서비스에 초점을 두고 직접적인 서비스 기능을 강조하는 개념이다.

③ '상황 속의 인간'을 강조하는 개념

클라이언트 차원의 개념과 서비스 체계 차원의 개념을 포괄적으로 수용하는 견해로, 특정 클라이언트 집단을 위한 최선의 직접적 서비스와 지역사회 차원의 서비스를 통합하여 실천한다는 것이다.

(2) 사례관리 서비스 과정 차원

사례관리 서비스 과정에는 사정, 계획, 연결, 점검, 권익옹호를 포함한다. 이러한 과정은 순환적으로 이루어지며, 각 과정에서 모니터 및 후속 과정에 대한 검토가 필요하다.

- 사정: 클라이언트의 심리적, 사회적 기능뿐만 아니라 사회적 지지망과 지역사회 내의 제공 가능한 자원까지 포함하는 다차원적인 접근이다.
- 계획: 사정에서 얻어진 자료를 기반으로 한 포괄적 · 구체적인 서비스 계획이다.
- 연결: 필요한 모든 서비스를 제공하기 위하여 클라이언트에게 공식적 · 비공식적인 모든 자원을 연결하는 것이다.
- 점검: 서비스의 전달을 지속적으로 감시 또는 감독하는 기능이다.
- 권익옹호: 상대적으로 힘이 약한 클라이언트의 이익을 옹호하는 입장에서 기관 및 다양한 환경체계에 대항할 수 있어야 한다.

5) 사례관리의 목적과 원칙

사례관리의 목적은 클라이언트에게 활용 가능한 자원을 연계하는 것이다. 먼저 서비스와 자원을 활용하여 가능한 한 클라이언트 자신의 생활기술을 증진시킨다. 그리고 클라이언트의 복지와 기능을 향상시키기 위해 사회적 망과 관련된 대인복지 서비스 제공자들의 능력을 향상시킨다. 더 나아가 가장 효율적인 방법으로 서비스 및 자원을 전달하며, 서비스의 효과성을 향상시킨다. 이외에도 사례관리 업무지향과 창의적 접근, 사례관리업무를 위한 물리적 환경조성과 조직내에서의 사례관리업무의 위상 재정립, 정기적 사례회의와 네트워크, 클라이언트 종합정보관리시스템 구축, 사례관리 전문성 확보, 사례관리 업무 지침이나 가이드라인 개발 등 광범위한 목적을 가진다(도광조, 2010).

사례관리에서 사례관리자는 클라이언트에게 필요한 자원을 연계하는 역할이 가장 중요하다. 이런 중심적인 역할에서 사례관리자는 다양한 지원을 하게 된다. 그 외에도 직접적 지원, 위기개입, 단기치료, 중개자, 능력부여자, 교사, 옹호, 서비스 조정자, 추적 사후관리, 대안적 연습 등의 역할을 하게 된다(권진숙 역, 2004).

사례관리의 개입원칙은 개별화, 서비스 제공의 포괄성, 클라이언트의 자율성 극대화, 서비스의 지속성, 서비스의 연계성을 포함하고 있다. 사회복지실천 현장에서 사례관리를 할 경우 사회복지사가 알아야 할 10대 지침은 아래와 같다(최지선, 2010).

- 욕구의 다차원성, 주기성, 변화성 진단
- 정보와 자원의 공유
- 사례관리자 간 상호지지
- 통합사례회의의 운영
- 인력, 시간, 자원에서의 딜레마와 조정
- 공공과 민간의 협력
- 지역 내 통합사례관리에 대한 환경 조성
- 네트워크센터의 사례관리지원기능
- 통합사례관리의 세부지침과 평가
- 질 높은 통합적 서비스

6) 개입과정

사례관리의 과정은 다음의 그림에서 보는 바와 같이 접수, 사정, 계획, 개입(실행), 점검, 평가, 종결, 재사정의 단계로 수행된다. 여기에서는 주요 단계인 사정, 계획, 개입, 점검, 평가에 대한 세부내용을 설명하였다.

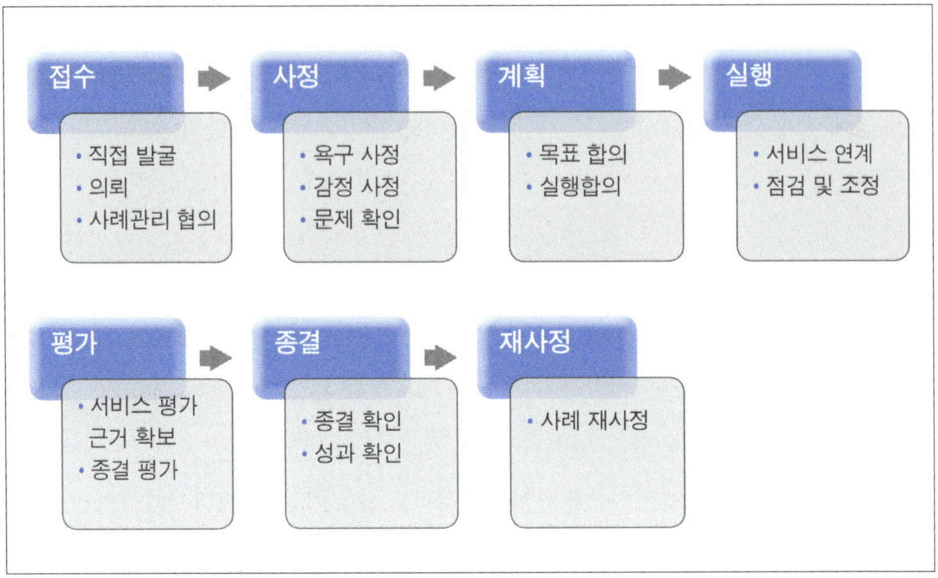

[그림 9-4] 사례관리 과정도

(1) 사정

클라이언트의 주위환경을 포함한 그의 상황을 이해하는 집중적 · 체계적인 과정이다. 여기에서는 서비스의 적격성 여부 결정, 클라이언트의 욕구, 능력 및 잠재적인 자원 확인, 클라이언트의 진행과정을 평가하는 방법을 구체화한다. 구체적으로, ① 욕구 및 문제 사정에서는 클라이언트의 욕구 및 해결해야 하는 문제들을 사정하고, ② 자원 사정에서는 클라이언트가 문제를 해결하는 데 있어서 유용하게 활용할 수 있는 자원을 사정하며, ③ 장애물 사정에서는 클라이언트가 자원을 활용하는 데 있어서의 장애물을 사정한다. 장애물 사정에서의 장애물에는 외부장애물, 선천적인 무능력, 내부장애물 등이 있다.

(2) 계획

사정에서 수집한 정보를 클라이언트에게 도움이 되는 일련의 활동으로 전환하는 과정이다. 1단계에서는 상호 간의 목적을 수립하고, 2단계에서는 우선순위를 정하며, 3단계에서는 전략을 수립하고, 4단계에서는 최선의 전략을 선택하며, 5단계에서는 전략을 실행한다.

(3) 개입

개입은 크게 내부자원의 획득을 위한 직접적인 서비스 제공과 외부자원 획득을 위한 간접적인 서비스 제공으로 구분한다.

(4) 점검

서비스의 지원이 잘 이루어지고 있는지를 점검하는 것이다. 점검의 목적은 ① 서비스 계획이 적절하게 이루어지는지 그 정도를 검토하고, ② 클라이언트에 관한 서비스와 지원체계의 목표에 대한 성취를 검토하며, ③ 서비스와 사회적 지지의 산출을 검토하고, ④ 클라이언트의 욕구 변화를 점검하여 서비스 계획의 변화 여부를 검토한다.

(5) 평가

사례관리자에 의해 형성 · 조정되는 서비스 계획, 구성요소, 활동 등에 시간을 투자할 만한 가치의 여부를 측정하는 과정으로, 사례관리자의 활동이 클라이언트의 삶에 어떤 차이점을 만들어가고 있는지 보는 것이다. 평가에는 클라이언트에 관한 서비스와 개입계획에 대한 평가, 목적 달성에 관한 평가, 사례관리 서비스의 전반적인 효과성에 관한 평가, 클라이언트의 만족도에 관한 평가 등이 있다.

7) 사례관리의 실패와 성공요인

사례관리는 다양한 클라이언트와 만나는 개입기술이자 전문적 활동이므로 자원의 연계를 통한 서비스 제공에서 성공적인 수행을 위한 전략이 필요하다. 사례관리에서 전문가가 인식하는 주요 문제점으로는 사례관리 관련 이해당사자의 인식 혼란, 사례관리 용어와 대상의 변화, 사례관리 평가체계의 불안전성, 역량의 소진, 실천의 한계 등이 있다(정순둘 · 이선희, 2010; 최정호 · 남성진 · 이재모, 2012).

사례관리 실패요인은 기관, 서비스의 혼란 등 매우 다양하다(노주환, 2012).

- 사례관리자가 기존의 획일화된 방식과 기관 양식에 몰입
- 클라이언트와의 신뢰 관계를 형성하려는 노력을 소홀히 한 채 과도하게 사례를 이끌어가고자 하는 언어적 · 비언어적 태도
- 사례관리 대상자 선정 기준은 모호한데 대상자 수는 양적으로 확장
- 기관 간 협력이 강조되는 반면 경쟁구조를 강화되는 것
- 정부는 민간에만 사례관리의 책임을 넘기는데, 민간은 서비스제공자와 사례관리자 사이에서 역할 기준 모호

반면에 사례관리의 성공요인은 클라이언트, 사회복지사, 기관, 네트워크 등 사례관리의 각 주체별로 실천현장에 필요한 과제들이다(남기민 · 방혜선, 2012).

- 클라이언트의 문화적 배경과 범주, 고정관념, 가치관에 대한 이해
- 대상별 다각적인 특성과 욕구 사정
- 사례관리자와 클라이언트 사이의 상호 신뢰관계 형성

- 사례관리자에게 전문적인 교육과 연수 및 슈퍼비전
- 사례관리자 중심의 현장 네트워크 구축
- 표준화된 사례관리 서비스 지침과 매뉴얼 개발
- 제도적 수준에서의 자원통합시스템 구축

8) 사례관리 개입과정 사례

사례관리는 사회복지실천현장의 기본적인 개입방법으로 자리매김하고 있다. 사례관리에 대한 사회복지사의 인식은 '준비 없이 마주하기', '놀이공원같이 즐거운 서비스 연결', '클라이언트의 서비스에 대한 열정과 소진', '그래도 계속되는 사례관리자 발굴' 등 매우 다양하게 나타나고 있다(남기민, 방혜선, 2012).

아래에는 자아존중감이 낮은 학교 부적응 청소년을 대상으로 한 사례관리의 과정 사례를 요약 및 정리하여 제시하였다.

먼저 사정단계에서는 욕구와 자원을 사정하게 된다. 욕구 및 문제사정에서는 주욕구로 청소년의 심리상태 파악 및 자아존중감 향상을 파악한다. 자원사정을 한 결과, 청소년은 낮은 수치의 인성검사결과를 보이고, 가족은 관심이 많으며, 학교에서는 무관심하고, 지역사회에서는 주로 같이 다니는 친구들하고만 어울린다. 이와 함께 장애물 사정을 통해서 청소년은 선천적 무능력으로 언어능력이 부족하고, 외부장애물로는 상담실과의 접근성이 부족하며 내부장애물로는 형제자매의 도움이 부족한 것을 알게 된다.

둘째, 계획단계에서 상호 간의 목적 만들기를 통해 청소년은 자아존중감을 향상시키고, 형제자매의 관심을 높인다. 세부적인 전략 수립하기 단계에서는 청소년을 위해서 자아존중감 향상 프로그램과 대인관계기술 향상 프로그램을 실시한다. 가족에게는 상담과 부모교육, 형제자매 등에 대한 교육을 실시한다. 이 중 최선의 전략 선택하기를 통해 청소년은 자아존중감 향상 프로그램, 대인관계기술 향상 프로그램을 실시하고, 가족은 부모상담, 형제자매상담을 실시한다. 구체적인 방법 실행하기에서 청소년은 주 2회, 가족에서 부모는 1회, 형제자매는 주 1회 실시한다.

셋째, 개입과정에서 청소년은 주 2회 자아존중감 향상 프로그램에 참가하고, 부모는 주1회 부모상담, 형제자매는 주1회 교육을 실시한다.

넷째, 점검과정에서 서비스 계획의 적절성을 위해 청소년에게 제공되는 서비스가 제대로 실시되고 있는지를 검토한다. 목표달성 여부를 평가하기 위해서 청소년의 변화와 가족의 변화를 점검하고 상호 간에 설정한 목표가 달성 가능한지 정기적인 점검을 한다. 결과목표의 달성 여부를 측정하기 위해서 청소년과 가족에 대한 서비스의 개입으로 변화가 있을지에 대한 검토를 한다. 그리고 계획의 변화가 필요한지의 여부를 검토하기 위해서 서비스를 제공하면서 청소년이나 가족과의 상호작용을 통해서 프로그램 변경이 필요한 부분이 있다면 전문가적 판단를 실시한다.

마지막 단계로 평가를 통해 클라이언트의 서비스 및 개입계획을 파악하고 청소년에게 제공되었던 서비스가 초기 계획대로 개입이 이루어졌는지를 평가한다. 목적달성 평가를 위해 프로그램이 종결 후 처음에 상호 간에 설정했던 목표가 달성되었는지를 평가한다. 그리고 자아존중감 사전 · 사후 검사를 통하여 효과성을 평가하고 프로그램 종결 시점에서 프로그램에 대한 만족도를 평가한다.

9) 사례관리와 사회복지실습

사회복지실습과정에서 사례관리와 관련된 전문적인 실습을 할 경우 작성해야 할 기록에는 사례관리 계획, 일지, 종결기록 등이 있다(한국사회복지사협회, 2013).

사례관리 계획서에는 일반적인 사항(가족상황, 경제상황, 건강 상황, 일상생활 및 주거상황, 사회심리적 상황, 자원활용상황), 클라이언트에 관한 사항(신체, 인지, 정서, 행동기능면 / 클라이언트의 강 · 약점), 서비스 일정표, 욕구진술, 개입계획이 포함된다. 둘째, 사례관리 진행일지에는 목표 및 내용, 과정기록, 평가(목표달성 및 서비스 평가, 클라이언트에 대한 평가, 사례개입에 대한 자신의 역할 평가)가 있다. 셋째, 사례관리 종결기록서에는 제공된 서비스, 사례관리 목표달성정도, 사후지도 계획이 포함된다.

제4부 사회복지현장실습 표준서식

1. 교육기관용
2. 실습기관용
3. 실습생용

[교육기관 1] 실습의뢰서

○○○대학교(원) ○○대학 사회복지학과장

수 신 자

(참 조)

제　　목　　사회복지현장실습 의뢰

---

1. 항상 사회복지현장실습 교육을 위해 애써 주시는 귀 기관에 감사드립니다.
2. 사회복지현장실습을 수강하는 본교 사회복지학과 학생의 실습교육을 의뢰하오니 아래를 참조하시어 협조하여 주시기 바랍니다.

- 아　래 -

가. 학생명 :　　　　　　　　　　(학생연락처:　　　　　　　　　　)

나. 실습 기간 :

다. 실습지도교수 :

라. 실습담당조교 :

(연락처: 사회복지학과 ☎　　　　　　　　　　)

별첨 : 실습신청서 1부.　끝.

○○○대학교(원) ○○대학 사회복지학과장(직인)

시행　　처리과 - 일련번호(시행일자)　　접수　　처리과명 - 일련번호(접수일자)

우　　주소　　　　　　　　　　/홈페이지 주소

전화(　　)　　　　전송(　　)　　　/기안자의 공식 전자우편주소 / 공개구분

※ 교육기관의 상황에 따라 변경하여 사용할 수 있음

[교육기관 2] 실습신청서

실 습 신 청 서

● 실습기관:

1. 실습생 인적사항

이름		생년월일			
소 속		학과/전공		학년/학기	
현주소					
전화번호	집:		휴대폰:		
E-Mail					

2. 실습의뢰 내용

실습 부서	
실습 분야	
실습 내용	
실습 기간	

* 상기 내용으로 귀 기관에 실습신청을 의뢰하며 실습생 프로파일을 동봉합니다.

신청인(학생명) : ____________ 인

실습지도교수 : ____________ 인

학과장/대학원장: ____________ 인

[교육기관 3] 실습생 프로파일

실습생 프로파일

1. 인적사항

(사진)	실습생명		성 별		생년월일	
	소속	대학교(원) 전공 학년(학기)				
	주소					
	전화번호	집: 핸드폰:				
	E-mail					

2. 이수 전공과목

교과목명	이수 완료	현재 이수	교과목명	이수 완료	현재 이수	교과목명	이수 완료	현재 이수
사회복지개론			인간행동과사회환경			사회복지실천론		
사회복지실천기술론			지역사회복지론			사회복지정책론		
사회복지행정론			사회복지법제론			사회복지조사론		
사회복지자료분석론			프로그램개발과평가			가족복지론		
아동복지론			청소년복지론			노인복지론		
여성복지론			장애인복지론			정신건강론		
정신보건사회복지론			의료사회복지론			학교사회복지론		
산업복지론			자원봉사론			사회문제론		
사회복지발달사			사회보장론			교정복지론		
사회복지윤리와철학			사회복지지도감독론			사회복지현장실습		

3. 경력

구분 (취업, 실습, 봉사)	기관	기간	내용

4. 사회복지를 전공하게 된 동기

5. 실습기관 선택 이유

6. 실습을 통해서 성취하고자 하는 목표

7. 실습을 마친 후 목표달성 정도를 파악할 수 있는 기준

8. 사회복지를 실천하는 데 있어 자신의 강점과 약점

1) 사회복지 지식 및 기술의 측면	2) 개인적인 특성 측면

9. 취미 및 특기

10. 실습기관, 실습지도자 및 실습지도교수에게 바라는 점

[교육기관 4] 사회복지현장실습생의 자세

사회복지현장실습생의 자세

우리는 사회복지실습생으로서 사회복지사 윤리강령과 다음 사항을 준수한다.

1. 실습의 목적과 중요성을 충분히 이해하고 실습 계약 사항을 이행하기 위하여 최선의 자세로 실습에 임한다.
2. 실습은 대학에서 학습한 이론을 구체적으로 적용하는 과정임을 인식하여 이에 최선을 다한다.
3. 실습교육기관의 구성원이라는 생각으로 타 구성원과 협력하며 친화적인 태도를 취한다.
4. 기관의 정책을 이해하고 수용하며 실습과정에서 준수하도록 한다.
5. 근무시간은 기관의 규정에 준하며 직원과 동일한 자세로 근무시간에 임하도록 한다.
6. 실습시작 최소 10분 전에 출근하여 출근을 확인하며, 업무에 관계된 사항을 사전에 준비하도록 한다.
7. 결근, 조퇴, 지각 등 근태와 관련된 사항은 반드시 실습지도자에게 사전에 보고하여 허락을 받도록 한다.
8. 실습지도자의 지시뿐 아니라 타직원의 지도를 잘 이행하므로 실습효과를 최대화하도록 한다.
9. 직무에 강한 책임감과 열의를 갖고 적극적으로 임하며 타인에게 책임을 전가하거나 태만하게 행동하지 않는다.
10. 실습으로 인하여 알게 된 클라이언트의 사적인 정보를 교육적 목적(대학실습지

도 등) 이외에는 절대 발설하지 않으며, 교육적 목적이라 하더라도 가명을 사용하여 개인의 비밀이 침해되지 않도록 한다. 실습종료 후, 실습관련 내용을 학회지 등에 게재하고자 할 때는 반드시 실습지도자와 상의하여 허락을 받아야 한다.

11. 실습지도자의 지도 혹은 타 실습생의 실습을 견학 · 관찰할 경우 배우는 자세로 진지한 태도를 취한다.
12. 기관의 직원, 클라이언트 등에 대해 예의를 지킨다.
13 복장, 소지품은 실습기관의 특성과 상황에 맞게 취하되 가능한 화려한 것을 피하고 검소하며 단정한 것으로 착용하도록 한다.
14. 안전사고에 만반을 기하도록 하며 안전사고와 관련된 기관의 규정을 사전에 숙지하여 그에 준해 처리하도록 한다.
15. 실습 일지를 비롯한 각종 실습기록은 사실에 근거하여 정확하고 구체적으로 정리하여 실습 시 실습지도자와 실습지도교수의 강평을 받는다.
16. 과제에 관하여 연구하고 그 결과물에 대해 실습지도자의 강평을 받는다.
17. 실습과정 중 어떤 경우라도 사례금 등의 금품을 절대 주거나 받지 않는다.
18. 과제물은 정해진 기일에 제출하고 출근 전에 작성을 마친다.
19. 기관의 명칭을 사적으로 활용하지 않으며 실습생의 신분을 지킨다.
20. 기관을 대표한다는 자세로 실습교육기관의 직원들과 동일한 업무 태도와 자세를 취한다.

[실습기관 1] 실습신청의뢰서

실 습 기 관 명

수 신 자

(참 조)

제 목 사회복지현장실습 신청의뢰서

---

1. 사회복지교육 및 연구활동을 통해 사회복지발전에 전력을 다하시는 귀하와 귀교의 무궁한 발전을 기원합니다.
2. 아래와 같이 사회복지현장실습 교육이 가능하오니 관심 있는 학생들이 참여할 수 있도록 협조를 부탁드립니다.

- 아 래 -

1. 실습부서/분야:
2. 실습지도자:
3. 대학별 배정가능 실습생 수:
4. 실습담당직원: (연락처: ☎)
5. 실습비:

별첨1 : 실습지도계획서

별첨2 : 실습지도자 프로파일

실습기관장(직인)

시행 처리과 - 일련번호(시행일자) 접수 처리과명 - 일련번호(접수일자)

우 주소 /홈페이지 주소

전화( ) 전송( ) /기안자의 공식 전자우편주소 / 공개구분

[실습기관 2] 실습지도계획서

실습지도계획서

실습지도자 :

1. **실습목적:**

2. **실습목표:**

3. **실습분야:**

4. **실습기간:**

5. **실습대상:**

6. **교육계획**

단위시간	내용	담당	비고

7. **실습지도방법**

- 개별실습지도 계획:
- 집단실습지도 계획:
- 기타 계획:

8. **실습일정**

주	월/일	시간	실습 내용	담당	과제물

9. **실습생의 책임과 과제**

10. **참고도서**

[실습기관 3] 실습지도자 프로파일

실습지도자 프로파일

1. 인적사항

성 명		성 별	
기관명/부서		직 책	
담당 업무		전 화	
이 메 일		팩 스	
최종학력		최종학력의 전공	
사회복지사 자격번호		사회복지 총 실무경험기간	년 개월

2. 실습지도 및 실습분야 관련 주요 교육배경

교육명	주관단체	기간	수료/자격여부

3. 사회복지분야 근무경력

기관명	기간	직책	담당업무

4. 본인의 전공분야 (현재 자신의 관심분야, 실천모델, 실천기술과 기법)

5. 실습지도자로서의 자신의 특성(강 · 약점)

6. 실습생에게 바라는 점

[실습기관 4] 실습의뢰에 대한 회신

실습의뢰에 대한 회신

귀 대학의 실습생의 실습의뢰를 수락합니다.

실습생명		소속대학	
기관명			
기관주소		전화번호	
실습지도자	직위: 부서: 성명:	연락처	전화 : 팩스 :
		E-mail	
실습 기간	년 월 일 ~ 년 월 일 (오리엔테이션 일정 : 년 월 일 시)		
필요서류	다음 서류를 실습개시일 ( )일 전까지 우송바랍니다. - 실습생 프로파일 1부 - 실습비 (원) (실습개시일 납부 요망) - 기타 필요한 서류 ( )		
실습을 위한 기타 준비사항	- 참고문헌 - 사전 과제물		
대학에 대한 의견			

실습지도자 (인)

기 관 장 (인)

[실습기관 5] 실습생 출근부

실습생 출근부

□ 성명 : 긴급 연락처 : 전자우편 :

월 일	출근시간	퇴근시간	실습생 확인	실습 지도자확인	지각, 조퇴, 결근여부	사유

기입요령 : 출근시간, 퇴근시간 표시, 퇴근 시 실습생 및 실습지도자가 확인하며, 지각, 조퇴, 결근 시 그 사유를 함께 기록함

[실습기관 6] 실습지도 기록서

실습지도 기록서

□ 실습지도자 :

□ 실 습 생 :

일시	실습지도 내용	비고

[실습기관 7] 실습평가서(교육기관 발송용)

실습평가서 (교육기관 발송용)

기관명		실습지도자	
실습부서		실습지도교수	
실습 기간			
실습생		평 가 일 시	

*** 출석상황**

☐ 무단결석 없음 ☐ 무단결석 1회 ☐ 무단결석 2회 ☐ 무단결석 3회 이상

* 다음은 실습생에 관한 평가입니다. 실습생이 실습지도 기간 동안 보여주었던 태도와 행동을 기준으로 아래 항목에 솔직하게 평가해주기 바랍니다. **실습 내용에 포함되어 있는 사항에 관해서만** 평가하여 주시고, 평균에는 평가항목 총점을 평가항목 개수로 나눈 점수를 기입하면 됩니다.

(1점: 매우 그렇지 못하다 ~ 5점: 매우 그렇다)

항목	내용	1	2	3	4	5
실습 지도에 대한 태도	1. 실습지도 시간을 엄수한다.					
	2. 적극적이고 긍정적인 자세로 실습지도에 참여한다.					
	3. 실습지도에서 지적된 내용을 수용한다.					
	4. 배우는 입장에서 진지하게 노력하고 발전하려는 태도를 갖는다.					
	5. 실습지도자와 실습생으로서 공식적 관계를 형성한다.					
기관 이해 및 관계 유지	6. 동료실습생과 긍정적이고 원만한 협력 관계를 유지한다.					
	7. 기관의 목적, 정책, 규칙, 사업내용을 이해한다.					
	8. 기관 내에서 실습생으로서의 권한과 한계를 알고 일한다.					
	9. 기관 내 타직원과 협조적인 대인관계를 형성·유지하여 업무를 처리한다.					

항목	내용	1	2	3	4	5
기본적 태도와 자질	10. 일의 우선순위를 결정하는 능력이 있다.					
	11. 할당된 시간 안에 일을 계획하고 수행한다.					
	12. 자신의 장점과 단점을 잘 인식하고 대응한다.					
	13. 사회복지실천 지식을 실습 내용에 적용한다.					
	14. 사회복지실천의 가치와 윤리를 갖고 임한다.					
	15. 전문가로서의 편견, 선입견, 고정관념을 인식하고 객관성을 유지한다.					
	16. 실습지도 내용을 실행에 옮긴다.					
	17. 실습과정을 책임감 있게 수행한다.					
기 록	18. 기록, 보고서 등을 정해진 일시에 제출한다.					
	19. 실습 내용을 사실에 근거하여 정확하게 기록한다.					
	20. 실습 내용을 체계적이고 구체적으로 기록한다.					
	21. 클라이언트와의 상호작용 및 실습생의 사고와 감정을 기록한다.					
	22. 실습지도를 통해 지적된 사항 및 배운 것을 정확히 기록한다.					
전문적 태도와 관계 형성	23. 클라이언트와 전문적 관계를 형성하고 활용한다.					
	24. 전문적 관계 형성에서 동정과 감정이입을 구별하여 적용한다.					
	25. 주변의 자원을 파악하고 그것을 활용하려고 노력한다.					
	26. 비심판적이며 경청과 수용의 태도를 갖는다.					
	27. 클라이언트의 능력과 동기의 한계를 수용한다.					
	28. 실습지도자가 지시한 것을 잘 파악하여 실행에 옮긴다.					
개인에 대한 개입	29. 클라이언트가 표현한 의사소통과 암시적인 의사소통을 이해한다.					
	30. 실습생이 의도한 바를 클라이언트에게 명확하게 전달한다.					
	31. 클라이언트의 문제와 상황에 관련된 정확한 자료를 수집한다.					
	32. 수집된 자료를 체계적으로 종합하고 이론에 기초하여 사정한다.					
	33. 클라이언트 가족 등 주변의 지지자원을 활용한다.					
	34. 클라이언트와 환경의 상호역동성의 이해 아래 개입목표와 전략을 수립한다.					
	35. 개입목표에 따라 클라이언트의 긍정적인 변화를 유도한다.					
가족에 대한 개입	36. 가족의 역동성을 파악하고 가족상황에 관련된 정확한 자료를 수집한다.					
	37. 가족구조를 명확히 이해하여 필요한 가족 개입의 기술을 활용한다.					
	38. 가족의 상호역동성의 이해 아래 개입목표와 전략을 수립한다.					
	39. 가족 구성원을 개별화하고 긍정적으로 변화하도록 유도한다.					

항목	내용	1	2	3	4	5
집단에 대한 개입	40. 집단 역동을 파악하여 의미 있는 개입으로 집단을 지도한다.					
	41. 집단에서 주진행자와 보조진행자의 의미와 역할을 알고 실천한다.					
	42. 집단의 구조를 명확히 하고 필요한 집단지도의 기술을 활용한다.					
	43. 집단 성원을 개별화하고 성원 간 의미 있는 관계를 형성하도록 한다.					
	44. 집단의 목적에 대해 정확히 사정한다.					
	45. 정확한 사정에 입각하여 적절한 프로그램을 계획하고 실행한다.					
	46. 집단의 상호작용이 목적지향적이고 성원들이 긍정적으로 변화하도록 한다.					
지역사회에 대한 개입	47. 지역주민들이 지역사회의 요구와 문제를 파악하도록 돕는다.					
	48. 파악된 지역사회요구를 사회행동으로 계획하고 실행한다.					
	49. 지역사회구조와 권력에 대해 이해하고 그 지역사회 상황을 정확히 파악한다.					
	50. 지역사회자원을 정확히 파악하고 접근한다.					
정책 및 행정 분야	51. 정책 형성 및 개선과 관련된 이해집단들의 문제 상황 및 요구와 정책 발의자들 및 집행자들의 이해관계를 정확하고 객관적으로 이해한다.					
	52. 정책형성 및 개선과 관련된 이해집단과 건설적이고 전문적인 관계를 맺는다.					
	53. 문제 상황에 적합한 정책대안을 개발하는 데 적극적으로 참여한다.					
	54. 기본정보를 정확히 사용하며 실증적인 자료 분석의 지식을 갖고 문제를 분석한다.					
	55. 사회복지행정체계 및 전달체계에 대해 정확하게 이해한다.					
기관 고유 항목*	56.					
	57.					
	58.					
	59.					
	60.					

* 기관 고유 항목에는 기관의 특성과 실습상황에 맞는 평가항목을 실습지도자가 추가적으로 직접 기입하고 평가할 수 있습니다.

<table>
<tr><td rowspan="2">총 평</td><td colspan="5">(※ 실습생의 실천가로서의 장단점 및 대학에 대한 건의)</td></tr>
<tr></tr>
<tr><td>평가문항 개수</td><td colspan="2"></td><td>총점</td><td colspan="2"></td></tr>
<tr><td>평균
(총점 ÷ 평가문항개수)</td><td colspan="5">(※ 기록 후 테이프 부착 후 실습지도자 서명 요망)</td></tr>
<tr><td rowspan="4">평점 부여</td><td colspan="5">※ 여기에 부여하는 평점은 실습생이 받게 되는 성적표상의 최종 평점은 아닙니다. 교육기관 실습지도 점수와 함께 사회복지현장실습 평점 부여 시 주요 고려사항이 됩니다.</td></tr>
<tr><td>□ A+</td><td>□ B+</td><td>□ C+</td><td>□ D+</td><td rowspan="3">□ F</td></tr>
<tr><td>□ A0</td><td>□ B0</td><td>□ C0</td><td>□ D0</td></tr>
<tr><td>□ A-</td><td>□ B-</td><td>□ C-</td><td>□ D-</td></tr>
</table>

실습지도자 : ____________ 인

기 관 장 : ____________ 인

☞Tip - 점수 기준: 평가항목 중 해당되는 항목을 평가하여 평가한 문항으로 나누면 5점 만점 중 학생의 점수 평점이 됨. 5점 ~ 4.5점 사이는 A대의 점수 부여, 4.4 ~ 4.0점 사이는 B점수 대, 3.9 ~ 3.5 사이는 C점수 대, 3.4 ~ 3.0 사이는 D점수 대 2.9 이하는 F. / 각 점수 대의 +, 0, -는 점수 범위의 분포에 따라 적절히 부여할 수 있음.

[실습기관 8] 사회복지현장실습 교육 수료증

사회복지현장실습 교육 수료증

수료번호: ○○○○(연도)-○○(번호)

○○대학(원) 성명 : ○○○ (학번)

상기 학생은 아래의 과정을 수료하였으므로
사회복지현장실습 교육 수료증을 발급합니다.

- 아 래 -

1. 실 습 지 도 자 :
2. 실습교육기관 :
3. 실 습 기 간 :
4. 실 습 분 야 :

년 월 일

○○기관장 (직인)

[실습기관 9] 실습기관 등록증

NO. 2013-L0000001

사회복지현장실습기관 등록증

등록번호	○○○○(연도) -○○○○○(번호)		
등록일자			
기 관 명		대 표 자	
주 소			
실습지도자		실습시간	

상기 기관은 한국사회복지사협회에서 주관하는
사회복지현장실습 등록제에 의한 실습기관으로 등록되었기에
사회복지현장실습 기관 등록증을 발급합니다.

년 월 일

한국사회복지사협회장

* 본 증명서는 인터넷으로 발급되었으며, 발급일로부터 1개월까지 유효합니다.

[실습생 1] 실습생 서약서

실 습 생 서 약 서

본인은 ○○ 기관의 실습생으로서 다음의 사항을 준수할 것을 서약합니다.

1. 사회복지사 윤리강령
2. 클라이언트와 기관에 대한 비밀 유지
3. 실습교육기관 및 실습지도자의 요구사항

년 월 일

실습생 : (인)

○○ 기관 귀중

[실습생 2] 실습 계약서

실습 계약서

실습생명		소속 대학	
기관명		주소 / 전화번호	
실습지도자		실습지도교수	

1. 일반적 사항

(1) 실습 기간 : _____년 ____월 ____일부터
_____년 ____월 ____일 까지 총 ____일

(2) 업무시간 : 주 ___일 근무, _____시 부터 _____시 까지

(3) 대학 실습세미나 시간 : ___요일, ___시 부터 ____시 까지

(4) 결석에 대한 조치

2. 실습의 목적과 목표

(1) 목적

(2) 목표

3. 실습생의 의무와 책임

4. 실습지도자의 의무와 책임

5. 실습지도교수의 의무와 책임

상기 사항을 성실하게 이행하여 실습을 진행하도록 하겠습니다.

년 월 일

실 습 생 ________(인)

실습지도자 ________(인)

실습지도교수 ________(인)

[실습생 3] 실습일지

실 습 일 지

1. 실습생명 :
2. 실 습 일 :
3. 오늘의 목표 :

4. 진행내용 (시간, 내용 등을 중심으로 기록)

5. 실습생 의견 (배운 점, 의문사항, 건의 등 포함)

6. 실습지도자 의견

[실습생 4] 실습기관 분석보고서

실습기관 분석보고서

실습생명		기관명	
기관주소	(전화:)		
기관소개자	(부서: 직책:)		

1. 기관의 역사

(1) 기관 설립 동기 및 설립 목적

(2) 기관 사업의 역사적 변천

(3) 기관 역사에 대한 실습생의 평가

2. 기관의 목적

3. 기관의 주요사업 및 프로그램

(1) 클라이언트 및 대상 지역

(2) 주요사업

(3) 서비스 전달체계

(4) 기관의 대상층 및 주요사업에 대한 실습생의 평가

4. 기관의 행정사항

(1) 기관의 조직구조

(2) 예산, 후원 및 지원 사항

(3) 기관의 행정구조와 예산 사용 및 후원에 대한 실습생의 평가

5. 기관이 속한 지역사회, 물리적 환경의 특징

(1) 지역사회

(2) 물리적 환경(시설, 공간 등)

6. 사회복지기관으로서 지역 내 타 기관들과의 연계

(1) 관계유형 및 내용

(2) 기관의 타 기관과의 관계유지에 대한 실습생의 평가

7. 기관의 특별한 면이나 전반적인 사항에 대한 인상이나 느낌

[실습생 5] 사례관리 계획서

사례관리 계획서

실습생명:

클라이언트명		성 별		조사일	
주 소		전화번호		작성일	
직 업		학력		연령	
의뢰경위		경제상태	□ 일반 □ 저소득 □ 수급자		

1. 일반적인 사항

- 가족상황, 경제상황, 건강 상황, 일상생활 및 주거상황, 사회심리적 상황, 자원활용상황

2. 클라이언트에 관한 사항

- 신체, 인지, 정서, 행동기능면 / 클라이언트의 강 · 약점

3. 욕구진술

4. 개입계획

욕구	결과목표	세부목표	표적체계	개입전략 및 수행방법	비고 (역할분담 등)

5. 서비스 일정표

날짜	담당	서비스 목표	서비스 내용	준비물	비고

[실습생 6] 사례관리 진행일지

사례관리 진행일지(　　회)

클라이언트명		실습생명	
일　시		장　소	

1. 목표 및 내용

결과목표	하위목표	서비스목표	서비스내용

2. 과정기록

3. 평가

1) 목표달성 및 서비스 평가

2) 클라이언트에 대한 평가

3) 사례개입에 대한 자신의 역할 평가

4. 계획

[실습생 7] 사례관리 종결기록서

사례관리 종결기록서

클라이언트명	
실습생명	
서비스제공기간	

1. 제공된 서비스

2. 사례관리 목표 달성정도

3. 사후지도 계획

[실습생 8] 집단지도 계획서(소집단용)

집단지도 계획서(소집단용)

집 단 명		집단지도자(실습생)명	
대 상		성원 수	
기 간		장 소	

1. 실시 배경

2. 목적

3. 목표

결과목표 1		결과목표 2	
하위목표 1-1		하위목표 2-1	
하위목표 1-2		하위목표 2-2	

4. 목표관련 지도 내용 및 구체적 수행방법

결과목표	하위목표	지도 내용	수행방법	비 고

5. 평가계획

평가지표	
평가도구	
평가방법	

6. 회기별 일정표

횟수	일시	목표	내용	준비물

7. 예산

[실습생 9] 집단과정 일지(소집단용)

집단과정 일지(소집단용)

집단지도자(실습생)명		집단명	
집단진행 날짜		집단 활동 장소	
참석자(명)명단			
결석자(명)명단			

1. 목표 및 세부목표

1. 목표:
2. 세부목표:
   2-1.
   2-2.

2. 집단진행요약

시간	프로그램 내용	사회복지사의 역할

3. 과정 기록

1) 모임 전 단계(자리 위치 표시)

2) 모임 단계

3) 모임 후 단계

4. 평가

1) 목표 달성 및 프로그램 평가

2) 집단의 역동성(성원-성원, 성원-지도자)

3) 성원의 개별 평가(개인의 변화, 참여도, 지도자・타 회원과의 관계)

4) 지도자 자신에 대한 평가(역할 및 의도적 개입)

5. 다음 집단모임 계획

[실습생 10] 집단의 개별회원 분석표(소집단용)[5)]

집단의 개별회원 분석표(소집단용)

회원명		집단명	
회원 수		집단지도자(실습생)	

집단의 목표	
개인의 목표	

회기	날짜	참석여부 /참석인원	개인의 변화정도 및 내용	참여도	지도자와 의 관계	타 회원과의 관계
1		/				
2		/				
3		/				
4		/				
5		/				
6		/				
7		/				

〈 종합평가 〉

5) 모든 집단지도 상황에서 활용되어야 하는 것은 아니며, 집단과정에서 개인의 변화를 민감하게 기록할 필요가 있을 경우에 활용할 수 있음.

[실습생 11] 집단 종결기록서(소집단용)

집단 종결기록서(소집단용)

집단명		집단지도자(실습생)명	
집단진행 날짜		집단 활동 장소	
전체진행 회기 수		출석률	
주요 진행사항			

1. 회원의 평가

1) 운영면

(1) 프로그램 진행평가

(2) 집단 참여 태도

2) 프로그램 내용

3) 목표달성

4) 다음 프로그램에 대한 의견

5) 지도자에 대한 평가

2. 지도자(실습생)의 평가

1) 집단의 특징

2) 회원의 참여도

3) 집단성원에 대한 개별화의 정도

4) 집단역동의 활용정도

5) 집단에 대한 발달단계 분석

구분	초기	중기	말기
참여도			
개인의 변화			
지도자와의 관계			
타 회원과의 관계			
기타(　　)			
기타(　　)			

[실습생 12] 프로그램 계획서(대집단 및 지역사회복지)

프로그램 계획서(대집단 및 지역사회복지)

프로그램명		지도자(실습생)명	
대 상		참여자 수	
기 간		장 소	

1. 프로그램 실시 배경

2. 프로그램 목적

3. 프로그램 목표

결과목표 1		결과목표 2	
하위목표 1-1		하위목표 2-1	
하위목표 1-2		하위목표 2-2	

4. 목표관련 지도 내용 및 구체적 수행방법

결과목표	하위목표	지도 내용	수행방법	비 고

5. 평가계획

평가지표	
평가도구	
평가방법	

6. 회기별 일정표

횟수	일시	목표	내용	준비물

7. 예산

[실습생 13] 프로그램 평가서(대집단 및 지역사회복지)

프로그램 평가서

프로그램명		지도자(실습생)명	
대 상		참여자 수	
기 간		장 소	

1. 프로그램 목적 및 목표달성 평가

결과목표	하위목표	달성 정도	평가 근거	의의

2. 프로그램 과정 평가

1) 준비과정
2) 진행과정
3) 종결 및 정리과정

3. 프로그램 만족도 평가

4. 예산평가

5. 추후 프로그램을 위한 제언

[실습생 14] 사회복지정책 분석보고서(정책개발 및 평가)

사회복지정책 분석보고서

분석자(실습생)명:

정 책 명	
관련법규/지침	
주무부서	

1. 문제제기 및 분석목적

2. 분석한 정책의 주요 내용

3. 자료수집 및 분석방법

4. 분석결과 논의

1) 정책목표분석
2) 정책이 추구하는 가치 분석
3) 급여대상 분석
4) 급여의 적절성 분석
5) 급여의 전달체계 분석
6) 재정 분석

5. 관련정책과 관련한 주요 이해당사자의 입장 분석

6. 분석한 정책의 개선방향 및 전망

7. 총평

[실습생 15] 사회행동 · 옹호활동 보고서(사회행동)

사회행동 · 옹호활동 보고서

분석자(실습생)명:

구분	요약 제시
사회행동명	
활동 목적	
참여자	
대상 집단	
옹호 대상	

1. 문제제기 및 활동목적

2. 참여자의 특성

3. 대상 집단의 특성

4. 옹호집단의 특성

5. 주요활동경과

6. 활동전략분석

1) 대상 집단을 이기기 위한 힘을 얻기 위한 전략
2) 합법성을 확보하기 위한 전략 (법적행동 포함)
3) 타조직과 협력하는 전략
4) 전술을 연결시키는 전략
5) 협상을 전개하는 전략
6) 홍보 및 언론활용 전략

7. 향후 행동 전략 제안

[실습생 16] 홍보기획서

사회복지기관(사업) 홍보 기획서

기획자(실습생)명 :

1. 상품(홍보하려는 기관이나 사업)의 특성 분석
(상품의 내용, 경쟁기관이나 사업의 존재여부 등)

2. 유치하려는 소비자 집단의 특성별 구분

3. 대상별 소비자에게 호소하기 위한 전략
(담당, 장소, 방법 등을 일목요연하고 자세히 제시)

4. 홍보일정

5. 홍보예산

6. 첨부 (보도 자료, 광고전단, 안내지 자료, 홈페이지 자료 등)

[실습생 17] 개별면접 일지

개별면접 일지

실습생명		면접날짜와 시간	
클라이언트		면접 장소	

1. 면접 준비과정

2. 면접목표

1)

2)

3. 과정기록 및 분석

면접내용	실습생 분석	실습지도 내용

* 주요한 면접장면에 대해서는 대화체의 기록을 직접 인용하는 것이 권장됨.
* 면접자의 의도적인 개입, 언어적 · 비언어적 의사소통 모두에 주의하여 기록할 것.
* 상기 내용이 포함된다면, 기관 상황과 면접 상황에 맞추어 별도 양식 활용 가능.

4. 면접목표 달성에 대한 평가

5. 실습생 의견

6. 다음 면접 계획

[실습생 18] 가족상담 기록서

가족상담 기록서

클라이언트 (IP)		성별		연령	
날짜		장소		총 회수/시간	
실습생명				실습지도자	

1. 의뢰과정

2. 문제 상황에 대한 가족의 정의

3. 가계도

4. 가족생태도 : 가족의 하위체계간 관계 등 기록

5. 가족의 사회자원망

6. 가족생활주기

7. 가족사정 및 이론적 근거

8. 개입 목표와 개입 전략

9. 개입 내용 정리

회기	내용	주요 질문과 내담자의 반응

10. 평가 및 사후관리계획

[실습생 19] 사회조사 계획서

사회조사 계획서

조 사 주 제	
조사/분석일	
조사자(실습생)명	

1. 문제제기 및 조사문제의 제시

1) 문제의 기술

2) 검토될 조사문제에 대한 진술

3) 문제의 중요성과 조사 필요성 제시

2. 조사와 관련한 문헌자료 검토

1) 이론적 역사적 관점

2) 문헌에서 파악된 차이점들 검토

3. 조사 방법 제시

1) 조사 설계와 자료수집절차

2) 표집설계

3) 대상에 대한 기술

4) 측정방법 기술

5) 자료 분석 절차

4. 예산

5. 기타 필요한 사항

6. 부록 (관련 참고문헌, 설문지 등 필요한 자료를 첨부할 수 있음)

[실습생 20] 사회조사 진행일지

사회조사 진행일지

조 사 주 제	
진 행 일	
조사자(실습생)명	

1. 조사 진행 단계 기록

2. 조사과정에서 보완되어야 할 사항 기록

3. 추후 조사 진행 계획

[실습생 21] 사회조사 분석평가서

사회조사 분석평가서

조사주제	
진행일	
조사자(실습생)명	

1. 문제제기 및 조사문제의 제시

1.1. 문제의 기술

2.2. 검토될 조사문제에 대한 진술

2.3. 문제의 중요성과 조사 필요성 제시

2. 조사와 관련한 문헌자료 검토

2.1. 이론적 역사적 관점

2.2. 문헌에서 파악된 차이점들 검토

3. 조사 방법 제시

3.1. 조사 설계와 자료수집절차

3.2. 표집설계

3.3. 대상에 대한 기술

3.4. 측정방법 기술

3.5. 자료 분석 절차

4. 조사결과 제시

4.1. 기술적 분석

4.2. 인과적 분석

5. 논의점

5.1. 밝혀진 사항에 대한 설명

5.2. 실천에의 함의

5.3. 평가의 한계와 약점

6. 참고문헌

7. 부록 (설문지 외 조사와 관련된 주요자료 첨부)

[실습생 22] 기관방문 분석보고서

기관방문 분석보고서

* 특정 분야나 내용에 관심을 가지고 방문을 추진한 경우에는 별도의 양식을 활용하거나, 특정 내용만 선택하여 기록할 수 있습니다.

실습생명		방문기관명	
기관소재지	(전화:)		
기관소개자	(부서: 직책:)		

1. 기관방문 목적

2. 기관방문을 위한 질의사항 및 응답 정리

3. 기관방문을 통해 알게 된 지식

〈검토할 사항 예시〉
1. 기관의 역사 (1) 기관 설립동기 및 설립목적 (2) 기관 사업의 역사적 변천 (3) 기관 역사에 대한 실습생의 평가 2. 기관의 목적 3. 기관의 주요사업 및 프로그램 (1) 클라이언트 및 대상 지역 (2) 주요사업 (3) 서비스 전달체계 (4) 기관의 대상층 및 주요사업에 대한 실습생의 평가 4. 기관의 행정사항 (1) 기관의 조직구조 (2) 예산, 후원 및 지원 사항 (3) 기관의 행정구조와 예산 사용 및 후원에 대한 실습생의 평가 5. 기관이 속한 지역사회, 물리적 환경의 특징 (1) 지역사회 (2) 물리적 환경(시설, 공간 등) 6. 사회복지기관으로서 지역 내 타 기관들과의 연계 (1) 관계유형 및 내용 (2) 기관의 타 기관과의 관계유지에 대한 실습생의 평가 7. 기관의 특별한 면이나 전반적인 사항에 대한 인상이나 느낌

[실습생 23] 지역탐방 보고서

지역탐방보고서

조사자(실습생)명: 지역소개자:

1. **탐방지역**

2. **지역의 주요 사회지표 제시**

3. **지역의 인구사회학적 특성**

4. **지역의 사회경제학적 특성**

5. **지역의 사회복지기관 및 자원 탐색**

6. **필요하거나 보완되어야 할 사회복지서비스 제안**

7. **결론**

8. **첨부 (관련 지도를 비롯한 탐방보고서 작성에 참조한 자료를 첨부할 수 있음)**

[실습생 24] 실습 중간평가서

실습중간평가서

* 본 평가서는 사회복지현장실습 지침서를 참고하여 실습생 본인이 작성하며, 서술양식으로 작성한 뒤 실습 실습지도자와 평가회를 갖는 것을 추천함.

실습생명		기관명	
실습 기간		실습지도자	
실습평가일		실습지도교수	

1. 실습목표와 관련된 실습 내용 및 역할에 대한 평가

1) 수행한 실습 내용 및 역할의 요약

2) 평가

3) 앞으로의 계획

2. 실습에 임한 자세 및 노력

3. 실습을 통해 배운 점

4. 앞으로 더 필요한 지식과 기술

5. 실습에서 어려웠던 점

6. 기관 및 실습지도자에게 건의할 점

[실습생 25] 실습평가서

실습평가서

* 본 평가서는 사회복지현장실습 지침서를 참고하여 종결평가 내용을 실습생 본인이 작성하며, 서술양식으로 작성한 뒤 실습지도자와 평가회를 갖는 것을 추천함.

실습생명		기관명	
실습 기간		실습지도자	
실습평가일		실습지도교수	

1. 실습일정에 대한 평가

2. 실습 내용 및 역할에 대한 평가

3. 실습목표에 대한 평가

1) 구체적이고 적절한 목표 설정 여부

2) 목표의 달성 여부

4. 서비스 실천과정에 대한 평가 / 정책 및 행정 실습에 대한 평가

1) 문제 파악 및 자료수집 능력 / 문제 인식 능력

2) 문제 사정 능력 / 문제 분석 능력

3) 개입 기술 / 문제해결을 위한 대안제시능력

4) 면접 기술 / 기존지식과 정보의 사용능력

5) 기록 기술 / 기록 기술

6) 클라이언트와의 전문적인 관계 형성 / 유관 기관 및 관련된 사람들과 전문적인 관계 형성

5. 실습생의 자원 활용에 대한 평가(인적, 물적 자원)

1) 기관 외의 자원 활용

2) 실습과 관련된 참고서적의 활용

6. 실습에 임하는 자세에 대한 평가

1) 업무관리
   (1) 시간 준수, 과제제출
   (2) 주어진 일에 대한 업무조절 능력
2) 직원과의 관계(실습지도자, 타직원, 타 전문직 직원)
3) 다른 실습생과의 관계
4) 실습에 있어서의 적극성 및 자발성

7. 전문적 태도에 대한 평가

1) 사회복지사로서 실습생 자신의 장 · 단점에 대한 인식
2) 전문가로서 윤리 및 가치관의 이행

8. 실습지도 활용 정도에 대한 평가

1) 실습생 자신의 실습지도 활용정도에 대한 평가
   (1) 기관 실습지도
   (2) 대학 실습지도
2) 실습지도 자체에 대한 평가
   (1) 기관 실습지도
   (2) 대학 실습지도

9. 기관 이해도에 대한 평가

1) 실습생의 과업과 관련된 기관의 목적, 정책, 행정 절차에 대한 이해
2) 실습생으로서의 기관 내의 권한과 한계에 대한 인식

10. 실습 기간 중 가장 유익했던 내용

11. 실습 기간 중 가장 안 좋았던 내용

12. 실습기관, 실습지도자, 대학에 대한 건의사항

13. 기타 하고 싶은 말

[실습생 26] 사회복지현장실습확인서

※ 실습생은 졸업 후 사회복지사 자격증 신청 시 성적증명서와 함께 제출해야 함.

사 회 복 지 현 장 실 습 확 인 서

실습생 인적 사항	성명		주민등록번호	
	주소			
	전화번호		휴대전화	
	학교/학과명		실습지도교수 성명	
실습 기관	실습기관명		전화번호	
	주소			
	실습 기간	년 월 일 부터 ~ 년 월 일 까지		
	실습시간	총 시간 (매주 요일부터~ 요일까지, 1일 시간)		
	실습 내용			
	실습지도자명		사회복지사 자격번호 (취득일)	(. . .)
	실습지도자 경력기간		담당 업무	
	년 월 일~ 년 월 일			
	년 월 일~ 년 월 일			

위와 같이 실습 내용을 확인합니다.

년 월 일

실습지도자 : (서명 또는 인)

실 습 기 관 : (직인)

년 월 일

실습지도교수 : (서명 또는 인)

한국사회복지사협회장 귀하

※ 기관 방문이나 자원봉사 활동 등은 사회복지현장실습에 포함되지 않습니다.
※ 허위사실 기재로 판명될 경우 자격증 교부가 되지 않을 수 있습니다.

〈 사회복지현장실습 기준 〉
- 실습기관 : 법 제2조제1호에 따른 사회복지사업과 관련된 법인 · 시설, 기관 및 단체로 한다.
- 실습지도자 : 사회복지사 1급 자격증을 소지한 자로서 3년 이상 또는 사회복지사 2급 자격증을 소지한 자로서 5년 이상 사회복지사업의 실무경험이 있는 자가 실습을 지도하여야 한다.
- 실습시간 : 현장실습시간은 120시간 이상으로 한다.

[실습생 27] 실습 종결보고서

실습종결보고서

* 다음은 실습을 종결하면서 한 학기 동안 실습한 내용을 요약정리하고 목표 달성 정도와 소감을 간략히 정리하는 보고서입니다. 이 종결보고서는 파일에 정리되어 사무실에 비치되며 다음 실습을 준비하는 학생에게 실습지 선정의 지침이 되는 자료로 활용될 것입니다.

실습기관		실습지도자	
실습부서		실습지도교수	
실습 기간			
실습생		종결 일시	

1. 실습기관 소개

2. 실습 기간 및 시간

3. 실습목표

1)실습생의 목표

2)실습기관의 목표

4. 실습 내용 소개

1) 실습일정

2) 교육,참관사항

3) 담당업무

5. 실습목표와 달성 정도

6. 실습지도자와 실습지도 내용소개

7. 실습 소감

1) 힘들었던 것

2) 제기되었던 질문들

3) 배운 것

8. 향후 실습을 위한 제언

9. 기타 꼭 하고 싶은 이야기

10. 실습지도자와 기관에 대한 감사의 내용

[실습생 28] 실습지도자 평가척도

슈퍼바이저 평가척도

점수	평가기준
1점	슈퍼비전을 제대로 제공하지 못하여 슈퍼비전을 위한 학습이 절대적으로 요구됨
2점	슈퍼비전을 제공하는 영역에 대한 지식도 부족하고 슈퍼비전을 제공할 능력도 부족함
3점	슈퍼비전을 제공하는 영역에 대한 기본지식을 갖추고 있으며, 슈퍼비전을 제공하는 능력이 있음
4점	슈퍼비전을 제공하는 영역에 대한 정확한 지식을 갖추고 있으며, 슈퍼비전을 체계적으로 정확하게 제공함
5점	슈퍼비전을 제공하는 영역에 대한 정확한 지식을 갖추고 있으며, 슈퍼비전을 체계적으로 정확하게 제공하는 우수한 전문가 위상을 갖추고 있음

영역	내용	점수				
		1	2	3	4	5
1.지식	1.1 슈퍼비전의 목적을 이해한다.					
	1.2 슈퍼비전의 경계를 명확히 알고 있다.					
	1.3 다음 요소를 이해한다. 행정적/교육적/지지적					
	1.4 다양한 슈퍼비전 계약의 유형을 알고 있다.					
2.슈퍼비전 관리기술	2.1 슈퍼비전 목적을 슈퍼바이지에게 설명할 수 있다.					
	2.2 서로가 동의하는 명확한 계약을 협상해 낼 수 있다.					
	2.3 적절한 경계를 유지할 수 있다.					
	2.4 다음과 같은 슈퍼비전 분위기를 형성할 수 있다. 공감적/진실한/적합한/신뢰할 수 있는/직접적					
	2.5 행정적 · 교육적 · 지지적 기능 간의 균형을 유지할 수 있다.					
	2.6 정각에 적절하게 회기를 끝낼 수 있다.					
3.슈퍼비전 개입기술	3.1 다음의 개입유형을 사용할 수 있다. 규범적/지식을 주는/대립적/촉매적/카타르시스적/지지적					
	3.2 다음과 같은 방법으로 피드백을 줄 수 있다. 명확한/인정한/균형이 맞는/구체적					
	3.3 다음에 유용하게 초점을 맞출 수 있다. 보고된 내용/슈퍼바이지의 개입/슈퍼바이지-클라이언트 관계/슈퍼바이지의 역전이/슈퍼비전 관계/자신의 역전이/좀 더 넓은 맥락					

3.슈퍼비전 개입기술	3.4 자신의 일하는 방법을 묘사할 수 있다.					
	3.5 자신의 경험을 적절하게 제공할 수 있다.					
	3.6 슈퍼바이지에게 자신의 슈퍼비전 기술을 전개할 수 있다.					
4.특성 또는 특질	4.1 슈퍼바이저 역할에 대한 헌신한다.					
	4.2 슈퍼바이저 역할 고유의 권위에 대해 편안하다.					
	4.3 격려하고 동기를 부여하며 적절한 낙관주의를 줄 수 있다.					
	4.4 슈퍼바이지의 욕구에 대해 민감하다.					
	4.5 다음과 같은 개인의 차이를 인식하고 적응할 수 있다. 성/연령/문화적 · 인종적 배경/계층/성적 오리엔테이션/성격/전문적 훈련					
	4.6 유머감각이 있다.					
5.지속적 발전에 대한 헌신	5.1 자신의 적절한 슈퍼비전에 대해 책임져 왔다.					
	5.2 자신의 실천가 및 슈퍼바이저로서의 기술과 지식을 업데이트하기 위해 노력했다.					
	5.3 슈퍼바이저로서 자신의 강점과 단점을 파악하고 자신의 한계를 인정한다.					
	5.4 다음과 같은 사람들로부터 정기적 피드백을 받는다.슈퍼바이지/동료/자신의 슈퍼바이저 또는 상사					
6.집단 슈퍼바이저	6.1 집단역동에 대한 지식을 가지고 있다.					
	6.2 슈퍼비전 과정을 돕기 위해 집단과정을 사용할 수 있다.					
	6.3 집단 내의 경쟁력을 조정할 수 있다.					
7.시니어 조직 슈퍼바이저	7.1 전문가 간의 이슈를 감독할 수 있다.					
	7.2 조직의 이슈를 감독할 수 있다.					
	7.3 팀 내의 활동범위와 조직발달에 대한 지식을 가지고 있다.					
	7.4 기초가 되는 팀 또는 조직문화를 '표면화'할 수 있다.					
	7.5 조직의 변화를 촉진할 수 있다.					
	7.6 슈퍼비전이 활발하게 이루어지는 학습적 문화를 조성할 수 있다.					

[실습생 29] 실습지도 평가척도[6)]

슈퍼비전 평가척도

1점: 위험이 없는 상태로, 현재의 실천이 적절하여 수정이 필요하지 않은 상태
2점: 약간의 위기상태로, 현재의 실천은 적절하지만 약간의 수정이 필요한 상태
3점: 중간 정도의 위기가 있는 상태로, 현재의 실천은 문제가 있고 그래서 위기를 최소화하기 위한 수정이 필요한 상태
4점: 높은 위기상태로 현재의 실천은 심각하게 문제가 있으며 수정이 매우 필요한 상태

구분	번호	문항	1	2	3	4
수퍼비전	1	수퍼바이저는 수퍼바이지가 고지된 동의를 하도록 정보를 제공하는가	①	②	③	④
	2	슈퍼바이저는 철저한 치료와 개입계획을 발전시키고 실행하려는 슈퍼바이지의 노력을 관찰하는가	①	②	③	④
	3	슈퍼바이저는 정보의 부적절한 노출과 같은 클라이언트와의 모든 접촉에서 슈퍼바이지의 실수를 지적하고 반응하는가	①	②	③	④
	4	슈퍼바이저는 슈퍼바이지의 클라이언트가 언제 다른 곳으로 의뢰되어야 하는지, 치료의 종결은 언제해야 하는지 등에 관해 알고 있는가	①	②	③	④
	5	슈퍼바이저는 슈퍼바이지가 언제 자문을 구해야 하는지를 알고 있는가	①	②	③	④
	6	슈퍼바이저는 슈퍼바이지의 역량이 부족하고, 잘못을 저지르고 비윤리적 행위를 했다는 것을 슈퍼바이지가 기꺼이 말할 수 있도록 그 능력과 자발성을 모니터링하는가	①	②	③	④
	7	슈퍼바이저는 슈퍼바이지가 자신의 클라이언트와 적절한 경계를 유지하는지 모니터링하는가	①	②	③	④
	8	슈퍼바이저는 신체적인 위험으로부터 제삼자를 보호하는가	①	②	③	④
	9	슈퍼바이저는 필요 이상으로 길게 진행되는 치료와 태만한 치료계획을 감지하거나 중지하는가	①	②	③	④
	10	슈퍼바이저는 특정 클라이언트의 치료를 위해서 외부 전문가를 활용하는가	①	②	③	④

6) Reamer(2001), 사회복지현장실습지도자교육(2010. 한국사회복지사협회) 재인용.

수퍼비전	11	슈퍼바이저는 슈퍼바이지와 정기적으로 만나는가	①	②	③	④
	12	슈퍼바이저는 슈퍼바이지의 기록, 결정, 행동을 검토하고 인정하는가	①	②	③	④
	13	슈퍼바이저는 슈퍼바이지의 결근에 적절한 반응을 보이는가	①	②	③	④
	14	슈퍼바이저는 슈퍼비전 제공에 대해 문서화하는가	①	②	③	④
	15	슈퍼바이저는 슈퍼바이지와의 관계에서 적절한 경계를 유지하는가	①	②	③	④
	16	슈퍼바이저는 슈퍼바이지에게 시기적절하고 도움이 되는 성과 평가와 피드백을 제공하는가	①	②	③	④
	17	슈퍼바이저는 슈퍼비전 동의서를 문서화하는가	①	②	③	④
	18	슈퍼바이저는 슈퍼바이지의 윤리적 관심과 윤리적 쟁점의 민감성을 높이기 위한 슈퍼바이지의 노력에 반응하는가	①	②	③	④
	19	슈퍼바이저는 슈퍼바이지가 그들의 전문적 책임성을 충족시킬 수 있도록 하는 충분한 시간과 적절한 업무량을 제시하는가	①	②	③	④
	20	슈퍼바이저는 적절한 슈퍼비전을 제공하기 위하여 그들의 업무에 있어 충분한 시간을 제공하는가	①	②	③	④

참·고·문·헌

강병로(2008). 사회복지 욕구조사와 프로그램 평가. 서울: 나눔의 집.

권현진(2004). 사회복지전공 학부생 실습성과에 관한 연구. 서울여자대학교 대학원 박사학위논문.

김경미 · 윤재영(2010). 강점관점과 지역사회네트워크를 기반으로 하는 통합적 사례관리 실천방법의 구조화-개념도 연구법(concept mapping)을 활용하여. 한국가족복지학, 28: 93-119.

김병우(2009). 사회복지사 자격취득을 위한 학점은행제 교육과정에 대한 사례 연구 - A대학을 중심으로. 한국사회복지교육, 10, 1-35.

김선희 · 조휘일(2000). 사회복지실습. 경기: 양서원.

김영숙 · 김욱 · 엄기욱 · 오만록 · 정태신(2002). 사회복지 프로그램 개발과 평가. 경기: 교육과학사.

김융일 · 양옥경(2002). 사회복지수퍼비전론. 경기: 양서원.

김융일 · 조홍식 · 김연옥 (1995). 사회사업실천론. 경기: 나남.

남기민 · 방혜선(2012). 사회복지사의 재가노인 사례관리 실천 경험. 한국사회복지행정학, 14(4): 363-394.

노혁(2003). 공동모금회배분신청서 및 결과보고서작성 설명회자료집. 사회복지공동모금회.

노주환(2012). 성공적인 사례관리를 위한 실천경험에 관한 연구. 숭실대학교 대학원 석사학위논문.

도광조(2010). 지역사회복지관 사례관리수행의 영향요인에 대한 연구. 숭실대학교

대학원 박사학위논문.

문현정(2013). 재가노인의 사례관리 성과와 영향요인에 관한 구조모형 구축. 서울대학교 대학원 박사학위논문.

서울복지재단(2006). 사회복지관, 노인복지관, 장애인복지관 복지관 경영매뉴얼. 서울복지재단 2006-연구-15.

서울복지재단(2012). 복지이슈 Today pp. 11-12 서울복지재단.

서인해(2002). 욕구조사의 이론 및 실제.한림대학교 욕구조사 workshop 자료집.

서인해 · 공계순(2001). 종합사회복지관 욕구조사결과보고서 실태분석: 이론적 접근에서 살펴본 욕구조사방법과 조사내용유형. 사회복지연구, 17: 65-97.

양소남(2012). 영국의 아동사례관리체계: 조기개입과 학대아동보호를 중심으로. 한국케어매니지먼트연구, 7: 25-47.

양옥경 · 김정진 · 서미경 · 김미옥 · 김소희(2002). 사회복지실천론. 경기: 나남.

엄명용 · 김성천 · 오혜경 · 윤혜미(2005). 사회복지실천의 이해. 서울: 학지사.

오미옥 · 이수경(2012). 사회복지현장실습의 이론과 실제. 경기: 공동체.

오수경 · 박병금 · 최은희(2012). 사회복지현장실습. 경기: 공동체.

오창순 · 장수미 · 김수정(2014). 콕콕 짚어주는 사회복지현장실습. 서울: 학지사.

우수명(2004). TP 사회복지 Program 개발과 평가. 서울: 인간과 복지.

윤정혜 · 이명자(2014). 2014 표준실습교육매뉴얼 -장애인복지관-. 한국사회복지사협회.

이경아 · 서홍란(2012). 사회복지현장실습. 경기: 공동체.

이시연(2002). 사회복지전공 학부생 실습지도 모델 개발에 관한 연구. 서울여자대학교 대학원 박사학위논문.

이시연(2011). 사회복지현장실습. 서울: 창지사.

이혜경 · 남찬섭(2005). 한국사회복지학의 고등교육 50년. 사회복지의 제도화와 고등교육의 대중화를 배경으로. 한국사회복지교육, 1(1), 69-95.

일본 니아가타세이루대학교 간호복지심리학부 복지심리학과(2014). 2014년도 사회복지원조기술현장실습 매뉴얼.

일본사회복지사양성교협회(2013). 상담원조실습—실습지도 가이드라인 및 평가표.

장인협 · 우국희(2001). 케어, 케이스 매니지먼트. 서울: 서울대학교 출판부.

정무성(2001a). 사회복지프로그램평가매뉴얼. 사회복지공동모금회 2001년 신년회의 자료집.

정무성(2001b). 프로그램 기금확보를 위한 Proposal 작성 전략. 한림대학교 프로포절 workshop 자료집.

정무성(2006). 프로그램 기획 및 실제. 한국보건복지인력개발원 강의 자료.

정순둘 · 이선희(2010). 한국 노인복지분야 사례관리실천의 현재 : 사회복지사들의 주관적 경험과 인식을 중심으로. 노인복지연구, 50: 7-26.

최길호(2005). 미국 사회복지교육의 역사, 당면과제 그리고 미래에 대한 전망. 한국사회복지교육, 1(2), 19-49.

최원규(1998). 한국 사회사업의 전문화에 미친 외원단체활동의 영향. 사회복지 연구. 11호.

최정호 · 남성진 · 이재모(2012). 재가노인복지사업의 사례관리에 대한 인식 혼란 연구. 노인복지연구. 56: 217-247.

최지선(2010). 서비스통합전략으로서의 사례관리실천경험에 관한 연구: 안산시통합서비스네트워크를 중심으로. 한국사회복지행정학, 12(1): 57-88.

태화기독교사회복지관(2005). 사회복지실습지도 - 이론과 실제 -. 경기: 양서원.

한국사회복지교육협의회(2012). 사회복지학 교과목 지침서.

한국사회복지사협회(2010). 사회복지현장실습 실태조사 및 지침서.

한국사회복지사협회(2012). 사회복지현장실습 실태조사 및 지침서.

한국사회복지사협회(2013). 표준실습교육매뉴얼.

한주빈(2011). 사회복지현장실습의 실습성과에 관한 연구 -학교 요인 조절효과를 중심으로. 가톨릭대학교 대학원 박사학위논문.

홍선미(2010). 위기가구지원을 위한 지역사례관리체계 구축방안: 경기도의 통합사례관리모형을 중심으로. 한국사회복지행정학, 12(1): 337-362.

홍선미 · 하경희(2009).지역사회 네트워크 중심 통합 사례관리에 대한 탐색적 연구 -

안산통합서비스 네트워크를 중심으로. 한국사회복지행정학, 11(1): 29-61.
황성철 · 정무성 · 강철희 · 최재성(2010). 사회복지행정론. 서울: 학현사.

Alperin, D. E.(1998). Factors related to student satisfaction with child welfare field placement. *Journal of social work education, 34*, 43-54.

Sheffer, B.(1999). 사회복지실천 기법과 지침. (김혜란 번역 감수). 경기: 나남.

Baird, N. B.(2010). *The internship, practicum, and field placement handbook*. New Jersey: Prentice Hall.

Cambridge, P.(2008). The case for a new 'Case' management in services for people with learning disabilities. *British journal of social work, 38*(1): 91-116.

Carall, M.(1996). *Counseling supervision*. New York: Cassell.

Frankel, A., J., Sheldon, R. G.(2004). 사례관리- 개념과 기술. (권진숙 역). 서울: 학지사.

Gibbs, A.(2001). The changing nature and context of social work research. *British journal of social work, 31*: 687-704.

Gilgun, J., F., & Alankaar, S.(2011). The uses of humour in case management with high-risk children and their families. *British journal of social work, 42*(3): 560-577.

Jane Wonnacott(2014). 수퍼바이저를 위한 사회복지 수퍼비젼의 적용. (김은혜 · 최원희 · 윤정혜 · 안정선 · 김수영 · 김예랑 · 정윤경 편역). 경기: 양서원.

Kettner, P., Moroney, R., & Martin, L. (2000). 사회복지 프로그램 기획과 관리. (정무성 역). 서울: 나눔의 집.

Martin, L. L., & Kettner, P. M.(1997). *Measuring the performance of human service Programs*. California : SAGE.

Panos, P., Petty, G., Cox, S., & Jones-Hearts, E.(2004). Survey of international field education placement of accredited social work education programs. *Journal of social work education, 40*(3), 467-478.

Powell, J.(2002). The changing conditions of social work research. *British journal of social work* 32: 17-33.

Rapp, C. A., & Poertner J.(1992). *Social adminstration: A client-centered approach*. New York: Longman.

Royse, D., Dhooper, S. S., & Rompf, E. L.(2009). *Field instruction*. Boston: Allyn & Bacon.

Shafer, C.(1982). The models of field instruction. In B. W. Sheafor, & L. E. Jenkins(Eds.), *Quality field instruction in social work: Program development and maintenance*. New York: Longman.

Sheafor, B. W., & Horejsi, C. R.(2006). *Techniques and guidelines for social work practice* (7th ed.). New York: Allyn and Bacon.

Weinbach, R., W.(2008). *The social worker as manager - A practical guide to success*. New York: Allyn and Bacon.

미국 CSWE(Council on Social Work Education). Council on Field Education http://www.cswe.org/cms/15538.aspx

미국 NASW(National America Social Work). 미국대학 사회사업 실습교육안내자료. http://www.socialworkers.org/

영국 HAPC(Health and Care Professions Council). "Standards of proficiency - Social workers in England"

영국대학 사회사업 실습교육안내자료 http://www.hpc-uk.org/publications/standards/index.asp?id=569

일본 후생노동성 홈페이지 www.mhlw.go.jp

저 / 자 / 소 / 개

윤정혜

인천재능대학교 사회복지과 부교수

서울여자대학교 대학원 사회사업학과(사회복지학 박사)

한국사회복지사협회 자격제도위원회 위원장

한국사회복지수퍼비전학회장

권현진

인천재능대학교 사회복지과 조교수

서울여자대학교 대학원 사회사업학과(사회복지학 박사)

인천광역사회복지위원회 위원

사회복지현장실습
-이론과 실천-

초판 1쇄 인쇄 2015년 8월 17일
초판 1쇄 발행 2015년 8월 21일

지 은 이 | 윤정혜 · 권현진
펴 낸 이 | 김기섭
편 집 인 | 이혜란
펴 낸 곳 | 창지사 www.changjisa.com
153-802 서울시 금천구 가산디지털 1로 83 파트너스타워1차 9층
전화 (02) 719-2211~3
팩스 (02) 701-9386
등 록 | 1977년 4월 28일 · 제1-421호

ISBN 978-89-426-2301-3 (93330)

값 15,000원

이 도서의 국립중앙도서관 출판예정도서목록(CIP)은 서지정보유통지원시스템 홈페이지(http://seoji.nl.go.kr)와 국가자료공동목록시스템(http://www.nl.go.kr/kolisnet)에서 이용하실 수 있습니다.(CIP제어번호: 2015022785)